# 銀行は、社長のどこを見ているのか？

## 「強い会社」を作る35の極意

What do banks look for
in a CEO?

35 tips to improve your company

藤原勝法 Katsunori Fujiwara

青春出版社

# はじめに　本当の危機は、コロナショック後にやってくる

この本を手にとっていただき、ありがとうございます。
あなたは、中小企業の社長さんでしょうか。それとも企業勤めのビジネスパーソンでしょうか。タイトルに「銀行」と入っていますから、銀行関係の方だったり、あるいは、経営や銀行に興味を持っている学生さんかもしれませんね。

いまはどんな方にとっても不安な状況だと思います。新型のウイルスが世界に蔓延し、私たち人類に健康被害や生命の危機をもたらしたからです。そして世界経済をも悪化させ、わが国も例にもれず、大きな痛手をこうむることとなりました。

現代の大きな不況といえば、「リーマンショック」や「東日本大震災」を思い浮かべる方が多いと思います。いずれも大きな不況でしたが、コロナ禍はそれらと大きく異なるところがあります。

まず、リーマンショックは金融問題にもとづく不況であったため、その秩序にのっとって対処すれば、あとは時間による解決が望めるものでした。影響を受ける範囲も限

定的だったわけです。

東日本大震災は、天災に加えて原発事故という大被害をともない、報道される映像もショッキングなものだったことにより、いまでも深く日本人の心に傷として残っています。この大震災も当然、経済に大きな打撃を与えたのですが、日本という1つの国だけに起こったものであり、世界規模の不況にはなりませんでした。

そうした点で、いずれも今回の新型コロナ禍とは大きく違っています。

コロナ禍による経済への打撃は長引き、そして「いつ終わるのかわからない」という不安が、心理的にも大きな負担となっています。特に中小企業においては、心配のタネが尽きません。


ところが不思議なことに、資金繰り的には、それに比例して悪くはなっていないケースが多いようです。飲食業や観光業界は大変な状況ですが、それでも、売上の大幅減少に比べると、破綻した企業は多くなっていません。

それはなぜでしょうか？

それは、ご存じの方も多いかもしれませんが、政府が過去に類を見ないほど大規模な経済対策を講じているからです。この施策により、企業が支えられ続けているのです。

しかし、企業が耐えられるのも「限界」があります。大企業はともかく、中小企業は特にそれが顕著に表れることになると想定されます。また、政府が実施している中小企業支援、特に資金繰り支援は、出尽くした感があります。

そして限界を迎える理由は、政府が支援する原資が尽きてきたことのほかに、もっと大きな要因が「企業側」にもあると考えられます。企業は、**各種の資金繰り支援を受けて一時的に救われたとしても、そのお金は「資本としてもらった」ものではありません。**そうです。借入金、負債なのです！

このことに気づいていない経営者は少ないと思いますが、どこまで深刻に考えているかは、人それぞれでしょう。

では実際問題として、今後どういうことが起こってくるのでしょうか？

何ごとも、歴史に学ぶことが多いものです。リーマンショックを例にとってみましょう。このときも支援策が講じられ、中小企業に「貸しはがし（返済を強く迫ること）」をしてはいけないとか、返済サイクルの緩和に柔軟に対応するようにといった指導が、金融機関に行われました。「中小企業金融円滑化法」の制定により、法整備も図られました。この施策により、難を逃れた中小企業が多くあったのは確かです。

しかし先にお伝えした通り、これはあくまでも時間的余裕が与えられただけで、借入金（負債）がなくなったわけではないのです。このことを理解していた社長は、時間的猶予の間に対策を講じて、難を逃れたことでしょう。

それに反して、一時の資金難を逃れたことに安堵して、対策を講じなかった社長はどうなったのでしょうか。**業績を回復させてキャッシュフローの改善や債務超過の解消ができなかった中小企業は、借入金の返済が開始されると、その負担に耐えられず、事業を継続することができていません。**いわゆる「倒産」です。

それと同じようなことが、コロナ禍後に起こると想定されます。

その規模については、リーマンショック後を遥かに超えるとも言われています。なぜなら、資金繰り支援によって実行された融資の規模が大きいからです。

最悪の事態を避けるには、いまからしっかりと事業を回復させることに注力しなければなりません。事業の再構築を検討して実行に移したり、あるいは、各種費用を見直し、収入に合わせて支出を抑え、資金繰りを安定させるなどです。

こういった大がかりな経営施策は、中小企業の場合、自社だけの知見や努力で行うのは難しいものです。そこで、私がお勧めしたいのが**メインバンクに相談しましょう**ということです。メインバンクとは、単に借入残高が一番多い銀行という意味ではありません。これについては、ぜひ本文を参考にしていただければと思います。

＊＊＊

ここで簡単に私の経歴をお話しすると、事業会社に新人で入社してから、もっぱら管理畑を歩んできました。Ｍ＆Ａで買収した企業への出向勤務経験もあり、グループ従業員が１万人を超える大会社も、スタートアップ企業で10人に満たない会社も経験しました。なかでも長い期間、在籍したのが中小企業です。

そのため、中小企業に勤める社員や企業文化の特徴について把握しているかと思います。また、管理部門の中でも財務関係に最も多く関わり、金融機関関係者、特に銀行員の方々を相手に仕事をすることが自然と長くなりました。

とりわけ役立ったのが、銀行からの借入金の返済を３年もの長い間、完全にストップするという経験です。その会社は当時、10以上の銀行から約30億円の借入がありました。ＩＴ系の会社で、私が入社したときはＩＰＯを控えている優良企業だったのですが、バブル崩壊で一気に業績が悪化し、債務超過に陥ったのです。

会社はリストラや学生の内定取り消し、遊休資産の売却などをして凌《しの》いでいました。そうした施策や返済ストップにより、なんとか資金繰りを調整していました。

そしてＭ＆Ａのスキームを駆使することで、やがて会社はＩＰＯを達成することができました。その会社で私は地獄と天国の両方を体験することになったわけです。

のちに中小企業の取締役を務めるようになり、多くの中小企業の経営者にお会いする機会に恵まれました。そのときによく聞いたのが、「管理系の話は不得手でよくわからない」とか「銀行は苦手でついつい足が遠のく」という話です。

私はその度に「もったいないな」と思ったものです。というのも、お会いする社長は皆、自社の事業についてはとても饒舌《じょうぜつ》で、自信に満ちあふれ、会社をしっかり経営していました。しかし、銀行とはあまりつきあいたがらなかったのです。

銀行とうまくつきあえば、事業をより良くすることができます。銀行を活用しない手はありません。先ほどお話しした**長期間にわたる返済ストップや、その後の企業再建は、銀行から多大な支援があったからこそできた**ものです。

ひょっとすると、銀行に苦手意識を持つ社長さんは、銀行とつきあいたくないのではなく、銀行とのつきあい方がよくわからないという面が大きいのではないでしょうか。これに対し、僭越《せんえつ》ながら私の経験をシェアすることで、何かお役に立てるのではないか、具体的なノウハウをお伝えできればと思い、この本を書き上げました。

税理士や会計士など士業の先生方は、税務、会計その他、国家資格を要する専門家で、ご著書には法律が強く意識され、専門用語も多く使われます。また、著者が銀行出身の場合、金融機関は信用が第一で「信用を落とさない」ことに気を配る必要があるため、公に何かを発信をする際はかなり組織に配慮した発言になると窺えます。

いずれの方々の本も、多くは実務家には重宝する一方で、堅苦しい印象があるというのが、正直な感想です。そういった日ごろの思いから、できるだけとっつきやすく、わかりやすく、なじみやすいということを心がけて執筆したつもりです。

本書は中小企業サラリーマン経験者（若手のときから取締役まで）による、中小企業経営者のための本です。中小企業に長く勤めた者だからこそ知っていることや、体験したことをもとに、読者に寄り添えるようにという思いを込めました。実際にそうできあがっているかどうかの評価は、読者の皆さんのご判断に委ねたく思います。

この本を読まれると、「銀行ってそんなにとっつきやすい存在なのか」ときっと思われるはずです。実際に、銀行員はそういう気さくな方ばかりであると私は感じています。読後に考えが変わり、あるいは何か得るものがあり、銀行や銀行員を身近に感じて、結果的に皆さんの事業のお役に立つことができたら幸いです。

藤原勝法

# 目次

銀行は、社長のどこを見ているのか？

## 第2章 銀行とのつきあいを深める極意

# 第3章 ポイントはここ！ 中小企業の決算書

# 第4章

# 危機に陥らないための経営計画とは

# 第5章 正しい「資金繰り表」を作る

## 第6章 黒字倒産を避ける「資金管理」のコツ

第7章

# 「返済猶予交渉」という最終手段

＊付録は横書きのため巻末からお読みください

企画協力　松尾昭仁／ネクストサービス株式会社
本文デザイン　浦郷和美
ＤＴＰ　森の印刷屋

第1章

# もっと銀行に通わないとソンですよ！

銀行をなんとなく敬遠している経営者が少なくありません。しかし社長こそ、銀行に足しげく通った方が断然おトクなのです。その理由や、銀行の選び方、通うときのポイントについてお伝えします。

## 01

# 「銀行はハードルが高い」という思い込みをなくす

### 銀行にとって会社は〝お客様〟

「銀行にあまり行かない」「どうも行きづらい」「銀行員と話すのがちょっとおっくうだ」と思うことはありませんか。

いまこの本をお読みのあなたが経営者なら（あるいは、そうでなくても）、〝うん、うん〟と頷《うなず》いているかもしれません。自分の腕におぼえがあって独立起業した人は多くいても、銀行交渉が得意で起業する人は、まずいないでしょう。

以前、ある電機メーカーの協力会社が集う〝パートナー会〟に参加し、たくさんの中小企業経営者と縁を持つ機会に恵まれました。するとやはり、管理系の仕事を不得手としている方ばかりでした。

そのほかでも、私の知るかぎり、社長さんは銀行に苦手意識を持つ方がほとんどです。

理由をお聞きしたところ、「銀行はハードルが高い」「銀行員はエリートでどうも肌が合わない。会話が成り立たないのではないか」などとおっしゃいます。

ここでちょっと考えてみてほしいのが、「自社のお得意様や商品・サービスを納入してくれている取引先に対して、ハードルが高いと感じることがあるか」です。

おそらく、ほとんどないと思います。そう感じていれば、商売になりません。しかし銀行は特別で、他の得意先や取引先とは違うのだとしたら、不思議なことです。

実際のところ、**銀行のハードルは高くありません。銀行も他の企業と同様に「仕事でつきあう取引先」のひとつです**。そして、「とても大事な取引先」です。

銀行からすると、取引先企業は〝得意先〟になります。そうです。銀行にとって、あなたの会社は〝お客様〟なのです。両者の立場は、ビジネスをする上で対等です。銀行に対してハードルが高いと感じる必要はないことを、ご理解いただけたでしょうか。

## 銀行は社長を見て貸している

銀行にとって大事なこととは、「誰に貸しているか」「誰と取引をしているか」。ビジネス上のお金のやりとりは「銀行と会社」であって、表面上は組織と組織ですが、実際はそうではありません。

お得意様や取引先とつきあうとき、単にその会社だけを見て判断しているでしょうか？　そんなことはないはずです。その会社の社風やそこで働いている社員を見て、総合的に判断してつきあっていると思います。

銀行も同じです。会社の規模や財務情報だけで判断し、融資を実行し、取引しているわけではありません。

「会社の代表者である社長」を見ているのです。

**銀行にとって、社長がどういう人物であるかはとても重要**です。誤解を恐れずにいうと、会社がどうというよりも、社長がどういう人物であるかの方が大切です。社長の能力や人徳により、会社はどうにでもなるからです。

だとすると、「社長が銀行に行かない」というのは、ありえないことなのです。社長は銀行に行くべきですし、〝社長こそ〟銀行に行かなければなりません。

# 02

# 「ウチに合った銀行」を選ぶ

## 紹介だとお互いに安心

それでは、どのような銀行とつきあうといいのでしょうか。

結論から言うと、私が一番にお勧めしたいのは、「紹介」で決めることです。男女がおつきあいする相手を探すときも、誰かに紹介してもらってうまくいったというケースは多いはずです。お互いのことをよく知っている方が仲介すると、事はスムーズに進むもので、それは銀行との取引にも当てはまります。

知り合いの経営者や顧問をお願いしている税理士、コンサルタントなど自分のことを理解してくれている人、そして取引をつないでくれようとしている銀行から信用されている人に、紹介してもらうことをお勧めします。

取引を検討している銀行のことをよくご存じの方であれば、事前にはもちろん、取引開始後も多岐にわたって相談することができるでしょう。また、銀行側からも、信用のおける方の紹介であれば安心なのは、言うまでもありません。

どの銀行と取引するか、どうぞお一人で悩まず、ぜひ信用できる方に相談をしてみてください。きっといい方向に進むはずです。

## 「飛び込み営業」に気安く乗ってはいけない

ありがちなのが、「飛び込み営業」に応じるパターンですが、これはお勧めできません。銀行ではもっぱら新人の方が飛び込み営業を担当します。なかには、訪問先の会社のことをしっかりリサーチしてから来る銀行員もいるかもしれませんが、残念ながら、そうではないケースがほとんどです。

支店のテリトリーにある会社を〝ローラー作戦〟で回っているだけで、「何社回ったかが仕事のバロメーター」という方ばかり、といっても過言ではありません。

実際にそういう営業を受けたことがある方も多いと思います。

私も一般企業で財務担当役員をしているとき、多くの飛び込み営業の銀行員にお会いしました。そして立て込んでいるとき以外は、話を聞くようにしていました。何か得られる情報があるかもしれないからです。

例えば、こんな方がいました。

他行との統合が予定されている某銀行の人です。仮にAさんと呼びましょう。私はその統合先の銀行と長いつきあいがあり、そこには親しくしてもらっている銀行員が多くいました。

あろうことかAさんは、統合相手の銀行について批判めいたことを並べて、「そちらの銀行よりも、自行と取引した方がいいですよ」といったことを話しはじめました。一緒になろうとしている銀行のことを褒めるどころか、その逆をしたのです。

お気づきの方もいらっしゃると思いますが、統合ができるだけ有利に進むように、全行をあげて数字作りをしたかった様子が窺えます。訪問した会社のことよりも、銀行の事情を優先していたというわけです。

銀行からすれば、飛び込み営業は、若手行員に度胸を付けさせたり実践のトレーニングをするためのものです。決して、訪問先の企業に有益な情報を与えるのが目的ではありません。

そういったことから、頑張っている銀行員には失礼な言い方になりますが、**飛び込み営業の銀行員の勧めで、その銀行と安易に取引を開始するのは得策ではありません。**

## 銀行の分類と銀行員の特性

言うまでもないかもしれませんが、銀行には「メガバンク」や「地方銀行」といった分類があります。それぞれの特徴を、〝取引相手〟に焦点を当てて簡単に説明します。

### ■大手銀行（メガバンクなど）

大企業や上場企業と、インターナショナルな企業の取引に集中している。

海外に軸足を移しており、優秀な人材は国内よりも海外に投入している。理由は国内市場が縮小しており、規模の維持拡大をするには海外市場を開拓する必要があるため。

なお、対象とする海外市場は、以前は西欧・米国であったが、昨今は東南アジア・インド・アフリカにシフトしている。

### ■地方銀行（地銀）

地元中堅企業や中小企業と地主資産家を主な取引先としている。

地銀の事業を成り立たせるためには、地元が成長発展しないといけないので地元の企業を大切にしている。経済力が低下している地区にある地銀は、それに比例して体力が弱くなっている。

## ■信用金庫、信用組合

地元中小企業や零細企業と個人を主な取引先としている。

どんな業種にも様々なタイプの人がいますが、あえて「銀行員の特性」をまとめると、私の知る限りでは次のようなタイプの人が多いと言えます。

## ■銀行員の特性

- 一般常識を好む。
- 正論を理解しているものの会社（組織）や上司の方針に従順。
- ガバナンスが強い組織なのでルールを重要視する。
- 出世しなくとも他業界の人より収入が多いので、転職する人が少ない。
- 仕事柄マジメな人が多いが、ビジネスを離れた場所（酒席やゴルフなど）では気さくにふるまう。

## 支店にもそれぞれ特徴がある

銀行の支店にも、それぞれの「テリトリー（担当する地域）」があり、「カラー（特徴）」があります。

まずテリトリーについてですが、銀行と取引を行うにあたって、**会社の最寄りの支店**が優先されます。といっても、実測で一番近い支店が選ばれるという厳密さはありません。目安としては、「**移動時間が（交通機関を問わず）30分以内**」というところです。

よく「本店に口座があると見栄えがいいから、本店に口座を作りたい」という人がいますが、それはできないのです（大企業で取引額の大きいケースは別）。取引する銀行の支店は、自社（本社）が存在する地域を担当する支店から選ぶのが基本です。

また、支店にはそれぞれ、長年営業しているうちに自然と備わったカラーがあります。支店の特色というのは、支店が存在する地域によって作られるものです。

例えば、商業地とか工業地帯、あるいは住宅地といった「地域性」です。地域に特色があれば、その特色に合った企業が集まり、おのずとそれに合った取引先も増えます。

そうして取引先に似た者が集まってできるカラーもあります。銀行との取引は「紹介がいい」とお伝えしましたが、同業者からの紹介によって似たような会社が集まるものです。

そのような支店のカラーを押さえておくことは大事です。それぞれの支店に得意分野があるからです。得意な業種や、得意な事業規模などがあります。

**自社に似た会社を得意としている支店を選ぶことで、同業他社と業界の情報交換をする場面が増えたり、取引先の開拓や協業といった機会を得ることにつながる**でしょう。

## 取引の目的を理解する

次に自社側のことを整理してみましょう。

銀行と取引する目的は何でしょうか？　これは会社によって異なるはずですが、共通する大きな目的としては、やはり「融資」が挙げられるでしょう。経営者が銀行と取引を考えるのは、「借入」の必要性を感じているときが多いものです。

しかしご存じのとおり、銀行には「融資業務」のほかに「預金業務」「為替業務」（資金の振替、振込）が主たる業務としてあります。

それらは個人が受けるサービスと同じですが、企業には個人と異なるサービスがあります。いわゆる「**リレーションシップ・バンキング**」と言われるもので（略して〝リレバン〟とも)、銀行が「信頼関係を築きながら、人材や情報を活用して、顧客を成長に導くサービス」のことです。

ある意味では、銀行の本業はこれだと言ってもいいかもしれません。取引先の企業が事業を拡大し、成長することによって、銀行取引も拡大していくのです。「目先のことにとらわれないサービス」とも言えます。

企業にとっても、このサービスがとても重要です。銀行と取引する目的はこれだと言ってもいいくらいです。**企業に不足する経験や知識を補完してもらえるので、「どこと取引するか」という銀行選びは重要になってくる**のです。

取引相手となる得意先や業者の紹介をお願いしたり、今後の事業計画の相談に乗ってもらったりすることもできるので、**中小企業にとって銀行は〝シンクタンク〟として頼れる**ところとなります。

ぜひ、腹を割って話をすることができ、親身になって相談に乗ってくれる銀行を見つけてください。

# 03 メインバンクをどうやって決めるか

## 「融資残高が多い銀行＝メインバンク」ではない

昔と比べて「メインバンク」の役割が変わったとか、もうメインバンクは死語だなどという方がいます。しかし、私はこれに異論を唱えたいと思います。メインバンクという役割を担う銀行はいまでもありますし、むしろ必要だと強く思うのです。

皆さんは、メインバンクとはどういう銀行だと思いますか？

一番に出てくるのは、「融資残高が一番多い銀行」という回答でしょう。

これは正しい回答ではあります。でも、それだけではありません。

先述の通り、融資だけが銀行のサービスではなく、会社が取引する目的も融資だけではないからです。繰り返しますが、「リレーションシップ・バンキング」のサービスが大切です。

では、メインバンクはどこにすればいいのでしょうか。

よく、「身の丈に合う」とか「合わない」などと言いますが、ぜひとも**自社の身の丈に合った銀行と取引をしてください。そして、その中で最も信頼できる銀行がメインバンクと言えます。**

私は真のメインバンクのことを、「心のメインバンク」と呼んでいます。何でも相談できる銀行、それに応えてくれる銀行がメインバンクです。**単なる残高最上位がメインバンクではない**のです。

語弊があることを承知の上で言うと、中小零細企業がメインバンクとすべきは、地銀（地方銀行）や信金（信用金庫）ではないでしょうか。

メガバンクは基本的に、大手企業や上場企業との取引を中心としています。メガバンクとの取引は大事ですが、会社の規模が小さいうちは、メインバンクとしてつきあうには早いと言えます。「身の丈に合うかどうか」とは、そういうことです。

# 04

# 銀行の「誰」に会えばいいのか

## 銀行はラインがだいたい決まっている

「銀行へ行かなければいけないのはわかるけど、誰に会うの？」「支店長に会いたいけど、いきなり面会を申し込んでも断られる気がする。かといって、担当者に会って何かメリットがあるのだろうか」

ここまで読んで、こんな疑問をお持ちになったかもしれません。その疑問の答えは、「銀行のライン（関係者）全員に会いましょう」です。

一般企業の場合、規模や各部門の人数によって、役割分担が変わってきます。一方、銀行はラインがだいたい決まっていて、大きく分ければ、「支店長」「課長」「担当者」です。

**あなたが社長であれば、支店長には絶対に会わなければなりません。**一般企業と取引

していると き、相手先の社長や営業所長に会うのと同じです。先方の責任者に社長が会うのはビジネスにおいて当然でしょう。銀行が相手でも同じことが言えます。

一方、会社側の財務担当者は、日常的に銀行の担当者はもちろんのこと、課長クラスとコンタクトを持つことになります。担当者には、日頃より銀行員とコミュニケーションを取るように指導してあげてください。

## 「稟議書を書く人は誰か」を忘れてはならない

社長は銀行の支店長だけでなく、他の行員の方たちへの気遣いも必要です。特に忘れてはならないのは、「大事な融資の稟議書《りんぎしょ》を作成するのは誰か」ということです。

銀行は企業から融資の申込を受けたら、稟議書を作成して融資の審査を行います。

稟議書は支店長が書くわけではありません。作成するのは銀行の担当者ですが、それを「仕事だから当然のことだ」と考えてはダメなのです。

担当者が抱えている融資案件は、１つではありません。多くの融資案件を担当していて、その稟議書作成の順位や進捗管理は、担当者の裁量に委ねられています。言い換えれば、**どの会社の融資稟議案件を優先するか、後回しにするかは担当者次第**だということです。

このことを知ったら、決して銀行の担当者をおろそかにできないと思うはずです。まずは稟議書を書いてもらえなければ、支店長が決裁することもできません。どうぞ、銀行の担当者への気遣いをお忘れなきよう。

## 銀行取引の総責任者は誰か

これはとても大事なことなので、改めてお聞きします。あなたの会社の「銀行取引の総責任者」は誰でしょうか。

もちろん、「社長」です。あなたが社長なら、このことは決して忘れないでください。財務の管理職や担当者が存在するとしても、その方たちに任せっぱなしではなりません。**銀行折衝でまずいことが起こったとしても、社長は決して社員に責任転嫁してはいけないのです。**銀行取引におけるすべての責任は社長にあります。

05

# いつ銀行に行けばいいのか

## 銀行には普段から足しげく通うべき理由

次に、銀行へ通う頻度についてです。財務担当者ならば、業務の必然性から銀行とは日常的に接触しているでしょう。問題は、社長が銀行へ通う頻度です。

結論を言うと、社長は銀行へ足しげく通いましょう。

これはよくある話ですが、普段はまったく銀行へ行っていないのに、困ってから慌てて銀行に足を運ぶ社長さんが少なからずいらっしゃいます。

困っていないので銀行に用事がない。なので、銀行に行かない。しかし、お金に困ってから、資金難になってから銀行へ行く。

それって、どうなのでしょう？　あなたなら、普段会っておらず、面識のない方から頼みごとをされて、それに応えようと思うでしょうか。

銀行も同じです。むしろ、お金が絡むのでなおさらと言っていいでしょう。中小企業の社長にいきなり来られて、お金を貸してほしいと言われても、やすやすと貸すはずはありません。しかし、銀行員も人間ですから、懇意にしている社長からの依頼をむげに断ることはないはずです。

ぜひ普段から銀行に通い、接点を持ち、コミュニケーションをとっておいてください。自社の経営状況を伝えたり、あるいは銀行から「借りやすい環境であるかどうか」などの金融情勢を得ておくことをお勧めします。そうすることにより、借入が必要なときに交渉がスムーズにはこびます。

「足しげく通う」といっても抽象的なので、頻度や機会を決める必要があります。会うきっかけとなる機会としては、大きく分けて次の場面があります。

## ■定期の機会

・決算説明（年度決算、半期決算、第1四半期決算、第3四半期決算）
・月次決算
・懇親会（忘年会または新年会、暑気払い）

### ■不定期の機会

・新規事業説明
・M&Aなど大型事案発生時
・懇親会（支店長の歓送迎会）

「月次決算」の説明に社長が毎回、全部の銀行へ行く必要はありませんが、**大きな事案があった月などは、社長がみずから説明に行った方がいい**でしょう。少なくとも、メインバンクには必要でしょう。

最低でも月に1回は銀行に行くのが目的であって、月次決算の説明は、その手段に過ぎません。

月次決算の他の報告機会は、3カ月ごとの「四半期決算（半期決算を含む）」説明会、そして「年度決算」説明会です。

年度決算は、実際に締めて確定してからではなく、決算月の前月あたりに決算数字の見通しを報告しておくといいでしょう。何でも早め早めが肝心ですし、銀行としても早い段階で知っておくと安心です。

# 06 銀行には何を持っていけばいいのか

## 初訪問にあたって、準備しておきたいもの

当然のことながら、銀行へ行くにあたって何の準備もなく足を運ぶわけにはいきません。でもどうぞ、ご安心ください。だいたい、持っていくものは定番で決まっています。

初めて訪ねるのであれば、手土産くらいは持っていくといいでしょう。

その他、初めて訪問する際に持参する定番品は次の通りです。

### ■会社案内(事業案内)

普段使っているお客様向けのものでいいので、スムーズに自社を紹介できるよう「会社案内」を持っていきましょう。昨今は資源節約のために会社案内を用意していない会社も多いかと思います。その場合は、会社のWEBサイトの印刷でかまいません。自社

のサイトもない場合は、簡単な会社のプロフィールを作って持参しましょう。

### ■履歴事項全部証明書（旧名称：登記簿謄本《とうほん》）

電子化が進む前は「登記簿謄本」と呼ばれていたものです。「履歴事項全部証明書」という正式名称は読みづらく、伝わりにくくもあるので、いまでも登記簿謄本で通じます。

これを見れば、登記上の会社名や本店所在地、設立年月日、事業の内容などがわかります。また、取締役が誰で、誰が代表権を持っているのかを確認することができます。そこに登記されていることが〝オフィシャルな内容〟です。

変更事項の登記をタイムリーに行っていない怠慢な会社がありますが、きちんと行うようにしましょう。こういうことも会社の信用評価につながります。

### ■税務申告書一式、直近3期分

「税務申告書」一式を直近3期分、用意してください。上場企業であれば「有価証券報告書」の作成が義務づけられており、かつ公開することになっているので、その情報を見てもらうことになります。しかし、非上場の中小企業にとってオフィシャルな財務情報は、税務申告書のみです。

　税務申告書には、決算における「貸借対照表（ＢＳ）」や「損益計算書（ＰＬ）」「販売管理費明細書」の主要な財務資料のほかに、各勘定科目の「内訳明細書」がついています。この内訳明細書には、どのような企業と取引をしているかなど、重要な情報がてんこ盛りなのです。

### ■月次試算表

　中小企業では「月次決算」を行っていないことが多いですが、もしあなたの会社が会計処理を毎月行っているなら、今期で作成している月までの試算表を用意しましょう。

### ■事業計画書（短期計画・中期計画・長期計画）

　中小企業では「事業計画書」を作成している会社は少ないと思いますが、もしあなたの会社が作成しているのであれば、ぜひお持ちください。

「短期計画」のタームは1年、「中期計画」は3年、「長期計画」は5年になります。これらの計画を作れていないという場合、第4章をご参照ください。

07

# いくつの銀行と取引を行えばいいのか

## 適切な銀行取引数を知っておく

中小企業が取引する銀行の数について、どのくらいが適当だと思いますか？

自社の商品やサービスを買ってくれる得意先なら、1つでも多くあった方がいいでしょう。しかし銀行はそうした得意先とは異なり、多ければいいというものではありません。会社の規模によってもちろん異なりますが、**中小企業の場合、目安として5行くらいが妥当**です。

そして、その取引銀行にはそれぞれ位置づけ（役割）を持たせます。**まず「メインバンク」があり、「準メイン取引銀行（準メイン行）」「中位取引銀行（中位行）」「下位取引銀行（下位行）」のように続きます。**

この位置づけは銀行も心得ていて、「この取引先は当行がメインバンクだから」とか、

「ここは下位行でしかないしね」といった具合で、立場の違いにより取引先との関与度合いに差をつけてきます。

適切な取引数と銀行の役割分担を明確にしておかないと、面倒なことが起こります。

実際に、こんなアパレル系の会社がありました。

新規で多店舗を出店する計画があり、大型の資金調達が必要でした。しかし、当時の取引行に相談しても、金額が多すぎて、どこも相手にしてくれませんでした。そこで考えたのが「広く薄く借りる」という戦略です。

どの銀行でも、〝支店長決裁〟で融資できる範囲があります。いちいち本部に稟議を上げて承認を取らなくても融資できる金額です。

そのアパレル会社がそれを意図的に行ったかどうかはわかりませんが、短い期間に20行近くから目的の金額を調達しました。意図的でないとすれば、〝できちゃった〟という表現が正しいかもしれません。

例えば2億円を調達したい場合、これを2行に申し込めば、単純に2等分とすると1億円ずつです。1億円だと支店長決裁では融資ができません。しかし、これを10行に分けて申し込めば、各行の負担は（等分だった場合）2千万円になります。これなら、支店長決裁で融資できる範囲です。

メガバンクは数行しかありませんが、地方銀行だと約１００行、信用金庫は２００行以上あります。分散しようと思えばいくらでも可能です。

ただ、借入金のこうした調達方法はお勧めできません。こういう方法ではメインバンクを作ることができず、資金調達したまではよくても、銀行の責任も分散され、その後の相談などに真摯《しんし》に乗ってもらえません。

先ほどの会社の事例には後日談もあります。身の丈に合わない、かなり無理な投資計画だったことから投資資金が回収できず、返済に困ってしまいました。追加資金を相談できる銀行もなく、大変な窮地に陥ったのです。

## シェアバランス「45：25：15：10：5」の法則

銀行取引には適切な数があり、多すぎてもいけないという話をしました。

次は、取引銀行間の「融資取引額のバランス」（分配の割合）についてです。これには学術的な答えがないものの、お勧めのシェアバランスがあります。

**取引銀行は5行、シェアバランスは45：25：15：10：5が理想です。**

もちろん、正確なパーセンテージにする必要はありませんが、目安として持っておいた方がいいでしょう。

### ■45%…メインバンク

メインバンクといっても過度な依存は危険です。余力を残しておいたほうが、いざというときの保険になります。また、そのほうが、メインバンクも現状のシェアに満足せず、サービスを怠ることがないでしょう。

### ■25%…準メイン取引銀行（準メイン行）

準メイン行は「いつかメインバンクの位置を取りたい」ということから、メインバンクより良い融資条件やサービスが期待できます。25%は、その競争原理が働くのによい比率といえます。

### ■15%…中位取引銀行（中位行）

準メイン行の25%と足せば、メインバンクの45%に迫ります。そのため、メインバンクに会社が希望する動きをしてもらいたいときには、準メイン行と中位行から賛同を得ていれば、メインバンクは自行内で稟議を通しやすくなります。

### ■10%・5%…下位取引銀行（下位行）

つきあい的に、あるいは信用補完として取引する銀行です。

ちなみに某メガバンクはハードルが高いことで知られていますから、融資取引があると会社の信用が上がります。

## メインバンクは〝配偶者〟と同じ

銀行取引をする上で、メインバンクはとても重要です。いい関係性ができている会社の社長は、安心して事業に力を注ぐことができるでしょう。

**会社を経営していると、日々いろいろな悩みごとや困ったことが起こりますが、極端にいえば、メインバンクはそのすべてにおいて相談相手になりうる存在です。**

一番は、やはりお金についてでしょう。そういう大事な話を、腹を割って相談できるようにするために、普段からの積み重ねが必要なのです。

日頃のつきあいについては41ページで触れましたが、補足すると、最も頻度の多い機会は「月次決算」の説明会です。

月次決算というレベルでなくても、毎月会計を締めて月次で示す必要があります。それの説明と称して銀行を訪ねます。会社側の参加者は、社長、財務責任者、財務担当者です。アポイントは銀行の支店長に取りましょう。そうすれば、課長や担当者など、ラインの人たちが同席してくれるはずです。

このときに、当該月のトピックや翌月以降の計画について説明します。数字が計画通りかそうでないかは二の次です。大切なのは、実態をきちんと説明して理解してもらうことです。

「今月は数字がいいから、銀行を訪問しよう」「業績が悪いから行くのは止めよう」というのはダメです。

メインバンクとの関係は、人の一生にたとえると、「結婚相手に誰を選んで一緒に生活するか」というのと同じくらいに大事です。いわば〝一蓮托生の関係〟であり、今そうでないなら、そういう関係性にもっていかなくてはいけません。

08

# 融資交渉のポイント

## 自社の格付けを知っているか

中小企業が銀行とつきあうにあたり、特に悩むのが融資の交渉ではないでしょうか。融資交渉においてカギとなるのが、「与信枠」（与信限度額）です。

与信とは信用を与えるという意味であり、「与信枠」（与信限度額）とは、銀行が会社に「いくらまでの金額を融資していいか」という限度額のことです。

皆さんは、自分の会社が銀行から「格付け」されていることをご存じでしょうか。これは呼び名のとおり、銀行は取引先である企業ごとに格を付けて分類しています。

この格付けにより「与信」のレベルが決められます。企業にとっては、**与信限度額が銀行からの〝信用のバロメーター〟**ということになるのです。

企業の格付けは、大きく次の6つに分けられます。

1　正常先
2　要注意先
3　要管理先
4　破たん懸念先
5　実質破たん先
6　破たん先

決算内容が大幅赤字で財務内容が不安定だとか、あるいは融資契約の約束において、利息や元金の遅延などがないかぎり、通常は1の「正常先」に区分されています。

ポイントは、この正常先がさらに8段階に分かれているということです。8つといっても上から2つは「融資をまったく必要としない」という区分でほとんど該当しないので、実質的には6段階だと言えます。この区分により、融資額や金利の利率がおおむね形式的に決められているのです。

格付けの要素には**「債務の返済能力」「収益性」「安全性」「成長性」「規模」**などがあります。

これについて、皆さんは「売上高」や「利益」の額や率が重要だと思っていませんか？　実は、**銀行が重要視しているのは安全性と規模**です。この2つは、自己資本比率と純資産額で評価されます。損益計算書（ＰＬ）の数値よりも貸借対照表（ＢＳ）の数値が優先されているのです。

よって、**銀行からお金をできるだけ有利な条件で借りるためには、貸借対照表（ＢＳ）を意識した経営が必要**と言えます。毎期、利益を計上して内部留保を貯めていくことが肝要です。

自社の格付けを知りたいと思うかもしれませんが、銀行にとっては営業機密ですから、オフィシャルに教えてもらうというのは期待できません。ただし、その銀行の人と親密度を高めて非公式に教えてもらうというのはありえるかもしれません。そのような情報がわかれば、自社でのウィークポイントの改善につなげることができます。

## 融資の申込には何が必要か

銀行には普段から通うことが大事だとお伝えしましたが、いよいよ融資を申し込むとなった場合、どうすればいいのでしょうか。

具体的には、次のような資料が必要となります。すでに銀行と共有しているはずのものも含まれますが、提出時は最新の情報にアップデートしてください。

・税務申告書（過去3期分）
・月次残高試算表（今期の最新月までの月別推移表）
・月次損益計画書（今期の見込数値）
・月別資金繰り表（今期の実績と見込数値・少なくとも6カ月先の数値が必要）
・新規設備投資計画書や新規事業計画書（新規に設備投資や事業を行うための資金が必要となる場合）

## 起業して間もない会社には「直接金融」が向いている

「○○に王道なし」という言葉があります。何ごとも地道な努力が必要であり、近道はないという意味です。「経営に王道なし」「勉強に王道なし」という風に使われます。

これは、融資交渉においても当てはまります。つまり、「融資に王道なし」。残念な答えかもしれませんが、もし一発勝負で融資を引き出せたとしても、そのような融資によってスタートした事業は、うまくいくことが少ないものです。

1つ加えるとすれば、起業して間もない会社は実績が少ないため、その数値による説得力がありません。そのような場合は、「起業支援の融資」などに頼ることになります。

例えば、日本政策金融公庫など公的な金融機関ならば、起業したばかりの会社であっても民間よりは相談に乗ってもらえます。公的な金融機関から融資をもらえると、それに乗っかって民間の金融機関も融資を行うという場合があります。

また、**新規性が高いビジネスモデルであれば、銀行のような「間接金融」（融資）ではなく、ファンド会社からの「直接金融」（出資）の方が向いています。**

ファンド会社は出資先がすべてうまくいくとは考えていません。出資した先が10社に1社程度うまくいけばいいと考えています。

少ない確率であっても、「株式上場」や「大手企業への事業譲渡」などの出口戦略で出資した株式が大化けすればいいのです。

事業のビジネスモデルが大化けしそうなものであれば、融資よりも出資の方が向いています。目利きのファンド会社から出資を受けることができれば、それに銀行が追加で融資をしてくるというのもよくある話です。

# 第2章

# 銀行とのつきあいを深める極意

融資を受けるにあたって、「銀行からの信用を得ること」が不可欠ですが、そのツボは一般企業と同じではありません。銀行とのつきあいを深め、信頼される会社になるために、具体的にどうすればいいのかを明かします。

09

# どうやって信用を積み重ねるか

## 数字さえ良ければいいわけではない

銀行とおつきあいするには、信頼関係を築くことが重要です。これは、普段の事業で取引する相手の会社との関係においても当然のことです。

しかし、銀行の場合はお金の貸し借りが発生します。前章で「与信」の話をしましたが、お金の貸し借りが絡む場合、事業会社との取引以上に「信用」が必要となるため、より信頼関係を築くことが大事になってくるのです。

誰を相手にしても同じことが言えるでしょうが、とりわけ銀行に対しては真摯な態度が必要です。**銀行からすると、会社や社長が真面目であるかどうかが大事**なのです。皆さんが他人にお金を貸すとなれば、きっと真面目な人にお貸しするはずです。

そのあたりの**判断基準は、銀行は一般的なレベルの上をいきます**。特に、約束を守る人かどうかを見ています。

こんなことを言っている社長がいました。「会社の数字さえ良ければ、銀行は金を貸してくれますよ。だから、数字が良ければ銀行に頭を下げる必要などなく、逆に借りてやるつもりでいればいいんです」

この社長の発言を聞いてどう思うでしょうか。きっと、不真面目な人だと思うはずです。銀行はこのような社長とはおつきあいしたがりません。

## 小さな約束を積み重ねる

では具体的にどうしたらいいのでしょうか。信頼関係を構築するための極意について、まずは定性的なことを１つだけお話ししておきます。

それは、「約束を守る」ということです。人間関係においてとても大事なことですね。約束を守らない人は信用されません。

一方、約束を守る人は信用が積み重ねられていき、信頼を築いていくこととなります。

さらに信頼を築く方法としては、「**小さな約束をあえて行い、それを守っていく**」ということが挙げられます。

小さな約束ではなく、大きな約束を守ることが信頼を勝ち取ることだと思っている人も多いかもしれません。もちろん、大きな約束を守れば信用や信頼を得られるでしょう。しかし、大きな約束を守るためには、大きな労力が必要です。そのぶん、約束を守れないリスクも大きい。大きな約束を守れないと、信用されるどころか信用を失ってしまいます。

一度失った信用を回復するのはとても大変なので、それは避けたいところです。

例えば事業計画で、かなり無理をしないと手が届きそうにもない数字を掲げて、銀行に報告したとします。その説明がうまくいき、融資を受けられることになりました。実際は、背伸びをしすぎた計画の数字が大幅に下回ってしまったらどうでしょうか。銀行が稟議を通して融資をしてくれたのに、信用を裏切ったことになります。

そうなると、次からはどんなに素晴らしい事業計画を出しても信用されず、融資を受けることが難しくなってしまうのです。

飲食業などで新規出店の拡大により事業を伸ばしていくというのは、一般的な事業計画で、珍しくもありません。拡大戦略にともなう先行投資資金の融資を銀行にお願いし、資金支援をしてもらうというケースです。

この出店拡大の計画が大きければ大きいほど、達成の難易度も増していきます。

結果的に大幅未達成となった場合、融資を受けて先行投資に使い、新規に出店して稼いだお金を返済に充てるはずだったのが、逆の結果を生むことになるのです。返済資金を稼ぐどころか、新規店の固定費すら払えず、財務状態が悪化していきます。

また、**当然のことながらウソは絶対にだめ**です。例えば、話した計画や内容が当初からデタラメだったというケースもそうです。

目先の資金欲しさに、後でウソだったとわかる計画を作る社長が実際にいますが、これはとんでもない間違いです。

このようなことが起こると、銀行からの信用はアッという間に失われていきます。

いきなり大きな約束をするのではなく、どうぞ小さな約束をしてください。小さな約束とは、「手の届く範囲の計画」を立て、そして達成することを意味します。

まずは**月次の損益計画を示し、それを毎月達成しましょう**。そうすれば、約束をその都度守ったことになり、銀行から信用されて、信頼を勝ち取ることにつながっていきます。

これは営業が得意な社長に多いタイプですが、話術に長けた方がいらっしゃいます。こういう方は銀行との借入交渉でも自信満々に説明し、誇張が過ぎる場合があります。

しかし銀行は、話し上手の人をいつも信用するわけではありません。大事なのは、話の内容であり、信ぴょう性です。話上手よりは、もの静かで朴訥《ぼくとつ》な社長の方が好感を持たれたりするものです。

話術に優れる某社長は、新規事業のプレゼンが大成功し、多額の融資を受けることができました。しかし経営手腕は劣り、事業はうまくいきませんでした。想像できると思いますが、この社長は次の融資機会を失うことになったのです。

交渉上手であるより、事業に真摯に向き合い、経営に真面目に取り組んでいる社長の方が、長い目で見たとき銀行ともいい関係が保たれます。

# 10 懇親会をあなどれない理由

## 飲み会やゴルフに参加するのも仕事の1つ

懇親会というと、「えっ、銀行の人と飲みに行くの？」と思う方がいるかもしれません。実際、銀行とは一切そういったつきあいをしていない社長は見受けられます。しかし、銀行と親睦を深めておくのは、とても大事なことなのです。

皆さんも友達と飲みに行ったり、遊びに出かけたりすると思いますが、友達になってから遊びに行きますか？　順番は逆のはずです。懇親会のような機会を重ねることで親しくなり、友達になるというのがよくある流れです。

どのような関係でも〝潤滑油〟は必要です。銀行も例外ではありません。

いまはコロナ禍で中止しているところも多いと思いますが、銀行との懇親の機会としては、大きく分けて「酒席」と「ゴルフ」があるかと思います。あくまでも私の知る限りですが、銀行員で酒席とゴルフが嫌いという人は少数派でしょう。それがビジネスにおいて必要なことだと銀行員も知っているからだと思います。

そうした懇親の具体的な時期は、年のはじめから季節ごとに「新年会」「決算説明懇親会」「暑気払い」「忘年会」などでしょうか。その他に、支店長の異動があれば「歓送迎会」があります。これらは、社長が参加する懇親会ですが、担当の方はそれとは別に3カ月に1度の頻度で、銀行の担当者と懇親の場を設けてください。**飲み会やゴルフで人間関係を構築するのも、銀行づきあいの仕事の1つ**です。

そういう場に適した会話の内容といえば、「まだ正式には話せないけど事前に話しておきたい話」などです。いわゆる、〝ここだけの話〟というものですが、そういう話を銀行の応接室という厳かな雰囲気の場所では話せません。

銀行のほうも、そういう場で聞いた話を聞かなかったことにはできません。そのために、**懇親会という少し砕けた場所で〝ここだけの話〟をする**のです。

### 酒席を持つにあたり、おさえておきたいこと

とりわけメインバンクとは、酒席の場を持たないなんて絶対にありえないことです。

準メイン行以下の銀行については、メインバンクと同じ重み（頻度・メンバー）である必要はありません。忘年会や新年会は下位行ともあっていいかもしれませんが、開催頻度やメンバーは、つきあいの程度で決めればいいでしょう。ただし、財務の責任者や担当社員は、下位行とも酒席の場を持ってください。理由はメインバンクの場合と同じです。

いずれにしても、酒席の場所については配慮が必要です。「会話の秘《ひ》匿《とく》性《せい》が保たれること」が大事だからです。そういうと料亭を思い浮かべるかもしれませんが、高級店である必要はなく、大衆割烹料亭で充分です。

もちろん、料亭でなくてもいいのですが、**「個室」であることが優先**されます。要は「誰が誰と会っているか」や「どういう話をしているか」が漏れなければいいのです。

銀行員、特に支店長クラスは顔が広いので、誰と会っているかというのが他の取引先に見られたりすると不都合が生じる場合があります。そのあたりの配慮をしてください。

酒席に参加するときも「手土産」は必要です。銀行は心得ていて必ず持ってきますので、こちらが用意していないとちょっと恥をかくことになります。参加者全員の人数分を用意しましょう。品物は、自宅に持ち帰って喜ばれるお菓子が定番です。

支店長と二人でゆっくり話をしたいときの二次会は、人目を気にしなくてもいい、少し暗めのバーがおすすめです。

## ゴルフもやっておいた方がいい理由

「銀行員（バンカー）はバンカーショットが得意！」というダジャレがあるくらい、銀行員でゴルフをしない人はまずいません。

銀行の支店では〝定例コンペ〟があり、おもに取引先の社長が参加しています。銀行側は支店長以下、取引先担当の銀行員が参加し、支店を統括している地域支店長や本部の役員が参加することもあります。このコンペにはできる限り参加してください。

**同じ地区にある会社の社長と縁を持つ**こともできるでしょう。それが今後のビジネスに役に立つこともあります。また、**銀行本部の役員に会社を知ってもらうきっかけ**にもなります。銀行の多くの方に自社を知ってもらうことは、何かと都合よく働くものです。

そして、普段とは異なる**和気あいあいとした雰囲気だからこそ話せる話題というのがあります**。例えば、「某会社をM&Aしようと検討しているが、どの程度であれば融資できそうか」とか、店舗展開している業態であれば「今度、大型出店を計画しようと考えているが、どう思うか」というようなことです。

正式に融資を申し込んでしまえば、ＹｅｓかＮｏしかありませんが、サウンド（打診）段階であれば、銀行も事前検討や、あるいは〝聞かなかったこと〟にもできます。もしかすると、「企業の秘密の話を銀行にして他へ漏れやしないか」と心配する方がいるかもしれませんが、銀行員は強固な守秘義務を負っています。もし何かあれば、金融庁の指導を受けることになります。銀行にとって「信用問題」は絶対に避けなければならないことなのです。そういうことから、どのような話をしてもまず問題ないと言えるのです。

ゴルフが酒席と比べていいのは、「共有する時間が長い」ことです。半日も他人と過ごすことは、そうありません。後々の話題づくりにも事欠きません。「山下課長のフォームは、珍しい変則スイングだったよね。学生時代はアメフトの選手だったから運動神経がいいんだよ」といった、融資課長の違う一面を見て仲が深まったり、「その後の調子はどう？」と、お互いのスコアを聞くのが挨拶の枕詞になったりします。

こういう懇親会に参加すると、銀行折衝をしていない社員から怪訝《けげん》な顔をされるかもしれませんが、大事な仕事の一つですから、ぜひ続けてください。

## 11

# 「預貸率」「実効金利率」に配慮する

### 銀行には「融資」以外にも大事な取引がある

銀行の主業務は「融資」だと言えますが、よく知られているように、「預金口座管理」や、資金の振替や支払代金の振込を行う「為替業務」などもあります。

見落とされがちなのが、総合研究所（略称「総研」）を各銀行は持っていて、ビジネスセミナーを開催したり、各種の情報提供を行っていることです。銀行の冠を付けた「○○総合研究所」という名前を聞いたことがあると思います。

銀行と取引するからには、そうした融資以外の取引にも気を配る必要があります。

銀行にとって預金の価値は、以前ほどではないかもしれませんが、それでも資金調達の大事なツールです。お金を預かって、それを貸すというのが金融の本筋です。

融資を受けたとき、それを全部使い切るということは、まずありません。おのずと余剰資金が生まれます。その資金をどこに置くかに気を遣ってください。

基本の考え方は、**「融資残高比率」に合わせて預金残高を配分**します。**メインバンクの融資残高のシェアが45％であれば、預金残高も同等の比率で置く**ようにしてください。図2-1

皆さんは、「預貸率《よたいりつ》」や「実効金利率」という言葉を聞いたことはあるでしょうか。銀行は表面に出ないこのような数値も管理しています。

**預貸率とは、融資した金額に対して、預金金額がいくらの率かということ**です。

**預貸率＝預金残高÷借入金残高**

預金残高は正式には担保ではありませんが、**銀行の口座に資金があるということは「保全」が取れていることにつながります。**

保全とは、融資が回収できなかった場合のリスクヘッジのことです。融資の返済が遅れた場合、預金残高があれば、銀行はそれを差し押さえて返済に充てることができますし、また、銀行は他への融資などで運用ができるので効率がよくなります。

**実効金利率とは、実質的に借りている金額に対する金利のこと**です。

**実効金利率＝支払利息額÷（借入金残高－預金残高）**

例えば融資契約で、１００万円を金利５％で借り入れたとします。預金残高がゼロであれば、実効金利率も５％で変わりませんが、預金残高が20万円であれば実効金利率は6・25％に上がります。

１００万円を借りても、預金残高を差し引けば、実際に使っている金額は80万円なので、使っている金額に対していくらの利息を負担しているかという数値です。

※５万円（１００万円の借入で利率５％のときに払う利息金額）÷（１００万円－20万円）

＝６・25％

当然、銀行にとっては実効金利率が高い方がいいわけです。

反対に、企業にとっては低い方がいいので、不要な借り過ぎには注意してください。

このように、**借入金額と合わせて預金残高がいくらあるかを銀行は気にしている**ので、逆に企業はそのあたりに配慮が必要となります。

借入金や預金の状況は、毎月、月末残高を取引銀行別に管理しておくことをお勧めします（図2-1）。

為替取引についても配慮が必要です。

まず「給与振込をどの銀行から行うか」ですが、これはメインバンクからにしてください。給与振込取引をしているかどうかは銀行のステイタスにつながり、親密度の証しになります。必ず毎月発生する支払であり、社員の銀行口座獲得のきっかけになるからです。

また、「振込元口座」にも工夫が必要です。月末には多数かつ多額の支払が発生するわけですが、その振込元口座は、メインバンクから行ってください。月中で発生するスポット的な小口の振込みは、準メイン行以下に振り分けましょう。

また、入金についても、大口取引先からの回収口座はメインバンクにします。融資シェアに合わせて、回収口座もバランスが取れるようにします。

**銀行としては、融資の金利以外にも為替取引手数料はとても大事な収入源**なのです。入金にしても金額が大きければ、預金残高が多くなり、保全が高まることになります。

ちなみに、総研サービスは、年会費を支払うことによって、先に述べた各種サービスを受けることができます。取引銀行全部の総研に入会することは必要ありませんが、**メインバンクの総研には必ず入り、親密度を深めましょう。**

**預貸率**
預金残高÷借入金残高

**実効金利率**
支払利息額÷（借入金残高－預金残高）

（単位：千円）

| | | | 預金 | | | |
|---|---|---|---|---|---|---|
| 計 | 平均金利 | 残高比率 | 預金計 | 比率 | 預貸率 | 実効金利率 |
| 412,000 | 0.500% | 44.6% | 240,866 | 46.6% | Ⓑ **58.5%** | 1.204% |
| 231,000 | 0.800% | 25.0% | 124,051 | 24.0% | **53.7%** | 1.728% |
| 130,000 | 1.000% | 14.1% | 71,329 | 13.8% | **54.9%** | 2.216% |
| 100,000 | 1.000% | 10.8% | 56,857 | 11.0% | **56.9%** | 2.318% |
| 50,000 | 1.000% | 5.4% | 23,776 | 4.6% | **47.6%** | 19.07% |
| 923,000 | 0.727% | 100.0% | 516,879 | 100.0% | Ⓐ **56.0%** | 1.652% |

Ⓐの値を参考にして、Ⓑの取引銀行ごとの預貸率を調整します。
メインバンクは他行より率が高くなるよう配慮します。

## 2-1 金融機関別借入金・預金残高表（例）

2021 年 10 月 31 日現在

| 金融機関 | | 取引店 | 借入金 | | | |
|---|---|---|---|---|---|---|
| | | | 短期 | 短期比率 | 長期 | 長期比率 |
| 1 | メインバンク | 本店営業部 | 212,000 | 51.5% | 200,000 | 48.5% |
| 2 | 準メイン行 | 渋谷中央 | 187,000 | 81.0% | 44,000 | 19.0% |
| 3 | 中位行 | 新宿 | 100,000 | 76.9% | 30,000 | 23.1% |
| 4 | 下位行A | 表参道 | 100,000 | 100.0% | 0 | 0.0% |
| 5 | 下位行B | 五反田 | 50,000 | 100.0% | 0 | 0.0% |
| 計 | | | 649,000 | 70.3% | 274,000 | 29.7% |

# 12 信用保証協会を活用する

## 信用保証協会の利用のポイント

各都道府県と主要都市に「信用保証協会」（以下、保証協会）が設けられています。すでに利用している方も多いかもしれませんが、利用にあたっては、いくつかの注意点があります。

まず、自社で利用枠が設けられそうであれば、積極的に使ってください。銀行に相談すれば親切に調べてもらえます。その相談先としては、「メインバンク」に持ちかけるのがお勧めです。

銀行にとっては、保証協会が利用できるというのは喜ばしいことです。理由は簡単です。保証協会の保証なしで融資を行い（これを「プロパー融資」といいます）、それが返済不能となった場合は、自行のみでの負担となります。

しかし、保証協会の保証つきだと、返済不能となった場合でも、通常80％が補填されます（これを「代位弁済《だいいべんさい》」といいます）。よって、銀行の損失被害は20％で済むのです。しかも、保証協会の保証料は企業が負担します。

私が企業の財務担当者だったころの話です。ある銀行（シェア下位）の担当者が、政府の施策で特別保証枠があると経理部長に話を持ちかけて、融資を実行しました。これを後にメインバンクが知ることとなり、大変怒っていました。「なぜ、当行に相談してくれなかったのか」と。そのメインバンクの担当者は、自行内で立つ瀬がなかったことでしょう。

保証協会の保証（通称、マルホ）は、ぜひとも親密な取引をしているメインバンクに相談してあげてください。

ひとつ、裏ワザ的なテクニックもご紹介しましょう。保証協会は、先述のとおり、各都道府県にあります。通常は本店登記の保証協会を利用することになるわけですが、**支店登記を他の都道府県にしておくと、複数の保証協会を利用することができます**。

例えば本社が東京都にあり、営業所が神奈川県にあった場合は、その営業所を登記しておけば神奈川県の保証協会も利用することができるので、覚えておいてください。

# 13

# 銀行員の心をつかむ

## 話したくないことほど話しておく

誰しも自分に都合の悪い話は、人に話したくないものです。人情的にはわかることですが、対銀行の場合はそれではいけません。逆に、都合の悪い話を積極的に話すくらいにしてください。

**銀行が一番困るのは、悪いことが起こることではなく、「悪い話をかなり時間が経ってから知らされること」**。ましてや、別のところからその情報が入ってくるなど、もってのほかです。

銀行取引には信用が第一だとお伝えしましたが、悪い話は隠すよりも、伝えた方が信用が膨らみます。事実は消せないので、隠しておいてもいずれ知れてしまうことです。そうであれば、早い段階で話しておくに越したことはありません。

話したくない話の一番は、やはり資金繰りの相談でしょう。返済資金不足で約定弁《やくじょうべん》済《さい》（約弁）ができなくなりそうなとき、相談しづらいと思いますが、遅くなればなるほど打つ手が限られてきて、手遅れになりかねません。

例えば、月末に預金残高不足で返済資金が落ちなかった場合、これは普通だと銀行にとって事故扱いになります。契約上、期限の利益（契約上の返済期限）を失いかねません。そうなると、融資残額の一括返済を求められます。しかし、**前もって相談して話しておけば返済の「一時猶予手続き」などの対策を行ってくれるかもしれません。**

資金繰りの次に話しづらいのは、資金不足には直結しないにしても、業績が悪化したときや、決算が赤字のときなどでしょうか。決算の数値が悪くなると「資金支援をしてもらえなくなるのでは」と心配になるのは当然です。

よく、たとえ話で「銀行は晴れているときに傘は貸すけど、雨になると取り上げる」といわれます。〝言い得て妙〟だとは思いますが、実際にそうとも限りません。

赤字を通り越して債務超過（貸借対照表の資本の部がマイナスの状態）になったとしても、1期くらいではまず銀行はてのひらを返しません。ただしこれも、日頃どのようなつきあいをしているかにもよります。

普段からメインバンクと信頼関係を築いておいて、不都合な話でも勇気を出して話してみてください。一人で悩んでいると深刻なことに思えても、銀行にとってはよくあることで、そんなに深刻ではない話かもしれません。

## 銀行員が昇進・転勤するときの贈りもの

銀行への贈答物については、お中元やお歳暮ならば他の取引先と同様に、社会通念上の範囲で手配すればいいでしょう。では、銀行員が人事異動で昇進・転勤する場合はどうかと聞かれたとき、お勧めしたいのは「ワイシャツの仕立券付き白生地」です。

ご存じの方もいるかもしれませんが、銀行員は、基本的にワイシャツは白色しか着ません。そしてワイシャツは何着あっても困るものではなく、大変重宝されます。

銀行の役職者が、袖にイニシャルの入っているワイシャツを着ているのをよく見かけませんか？　あれは贈り物でもらった生地を仕立てたものなのです。

どのくらいの金額にするかも悩みどころだと思うので、社会通念上の目安を参考に示しておきます（つきあいの親密度によって加減は生じますが）。

- 支店長・部長クラス　２万円
- 副支店長・次長クラス　１・５万円〜２万円
- 課長クラス　１万円〜１・５万円
- 担当銀行員　１万円

進物手配の記録はファイルにして残しておくと、過去の発注履歴を確認することができ、その後、手配するときの参考になり便利です。

発注は取引百貨店の手配方法に従いますが、メールに添付して発注する場合の手配書として、図2-2を参考にしてください。

## 銀行の人材を受け入れることで広がる可能性

就職先として銀行は人気が高く、優秀な人が集まっています。人材の宝庫ともいえるでしょう。また、リタイヤ間近の銀行員を他社へ受け入れてもらう仕事も、銀行の支店長にとっては大事です。

一方で企業側は、銀行の人材を受け入れると、銀行と人的な縁を持つことになって関

## 2-2 進物配送手配依頼書（例）

T島百貨店　法人外商課
鈴木　一郎　様
TEL 03-＊＊＊＊-＊＊＊＊
FAX 03-＊＊＊＊-＊＊＊＊

株式会社 Gotanda
財務部　高輪　吏紗
〒＊＊＊-＊＊＊＊
東京都品川区五反田＊-＊-＊
TEL 03-＊＊＊＊-＊＊＊＊　FAX 03-＊＊＊＊-＊＊＊＊

### 進物配送手配依頼の件

1．送り先
〒＊＊＊-＊＊＊＊
東京都大田区田園調布 ＊-＊-＊
TEL 03-＊＊＊＊＊-＊＊＊＊
田中　健一　様

2．進物名
ワイシャツ生地（白色無地・仕立券付）20,000 円

3．進物理由
のし紙：御餞別

4．送り主
株式会社 Gotanda
代表取締役 品川一郎

5．配送時期
早急

6．支払方法
月末締め翌月末日 貴社ご指定銀行口座振込

以上

係性がより深まるので、好都合です。また、中小企業においては管理部門の人材不足を補うことにもなり、同じく歓迎すべきことになります。

上場準備中の会社なら、経験の場として銀行は若手人材の派遣に積極的です。また、取締役のポストを用意できれば、支店長経験者を受け入れることも可能です。そうした人材の受け入れについては、日頃よりメインバンクに相談しておくといいでしょう。

# 第3章

# ポイントはここ！
# 中小企業の決算書

会社の活動は、毎年「決算書」に結果となって表れます。銀行が重視しているのは、“良い数字かどうか”よりも、ウソがなく、正確に作られているかどうか。節税ばかりに気をとられないようにすることも大切です。

# 14

# 社長に会計の専門知識はいらない

## 会計に使うのは四則演算だけでいい

あらゆる仕事や生活面において、数値管理はとても重要なことです。にもかかわらず、数字に弱い人が多いのも事実です。私の知人の一人もいわゆる〝数字アレルギー〟で、とにかく苦手だといいます。

一般人はそれでもいいかもしれませんが、経営に携わる人が数字に弱いというのは、困りものでしょう。会社経営において「会計」は必須です。

でも、数字に弱いという方もご安心ください。会計に使う算式は、高度な関数を必要とせず、「足し算」「引き算」「かけ算」「割り算」だけ。四則演算だけでいいのです。

ここではまず、会計に最低限必要なことをお伝えしたいと思います（会計のことを熟知している方にとっては退屈かもしれないので、次の項へお進みください）。

そもそも会計はなぜ必要なのでしょうか？ 少し難しくいうと、企業は「企業会計原則」というものに則《のっと》って会計処理を行う必要があります。**会社というのは私的な存在ではなく、社会のために存在する〝公器〟です**。社会に関わって活動する「株式会社」ならば、社長であれど「いや、うちの会社はオレのものだ！」などとは言っていられません。

公器であるということは「利害関係者」が存在するということです。その人たち、つまり「会社の利害関係者の皆さん」のために会計が必要なのですが、それを会社独自の言葉で伝えても理解してもらえません。〝共通語〟が必要になります。それが会計であり、**会計はいわば「経営の世界の共通語」**なのです。

言語が変わっても〝複式簿記〟というものが根底にあるのですが、まずは「会計とは企業に関わる人々に経営状況を知らせるための共通の言葉」ということを押さえておいてください。

## 会計は事業活動の結果

では、会計という共通語で、利害関係者の皆さんに何を伝えるのでしょうか。ひとことでいうと、**会計とは「会社の事業活動の結果」であり「会社の状態」**です。

会計は大きく、**「会社法会計」「税務会計」「財務会計」「管理会計」**の4つに分けられます。利害関係者に会計を伝える理由としては、次のようなことが挙げられます。

### 1 **債権者保護**――「会社法会計」に基づく

「会社法」に基づき、企業は会計を行わなければなりません。その精神は旧商法のときから変わっていませんが、「債権者保護」という目的があります。

企業は事業を行う上で様々な取引を行います。そこには債権債務が発生するわけですが、債権者が保護されていないと、安心して取引をすることができません。事業取引を円滑に行うために、債権者の保護が必要なのです。

### 2 **納税**――「税務会計」（税法）に基づく

これは会社に限らず個人の義務でもありますが、「納税」という国民の義務があります。経営者であれば、税金については頭を悩ませている方も多いでしょう。

税法に則って法人税などを納めるために、計算が必要となります。それが「税務会計」です。正しい金額で納税し、そして公平に課税されるために必要なものです。

### 3 投資家保護――「財務会計」（金融商品取引法）に基づく

上場企業が行う会計で、中小企業にはあまり関係ないのですが、「財務会計」というものがあります。

株式市場で自社株を流通させている企業が、監査法人や公認会計士に監査を受けたうえで開示します。株式投資を行う投資家を保護するのが目的です。

これら3つの会計はそれぞれ法律に基づいて行われるものです。右記の通り「会社法」「税法」「金融商品取引法」です。

それとは別に、法律とは関係なく行われる「管理会計」というものがあります。業界や自社の特性に合わせて、業績を管理しやすいように、自由に行われる会計です。

皆さんの会社でも自社独自の言葉や方法で数値を管理していないでしょうか。社長や経営幹部の方々が、受注状況や請負業務進捗などをわかりやすく管理している数値管理が、「管理会計」です。

誰のためかとあえて言えば、社長など経営者のためであります。管理会計の詳細については後述します（102ページ）。

４つの会計のうち、会社の大小を問わず必ず行われているのが「税務会計」です。１年間でどれだけ稼いで利益を出したかを計算し、それに課税される税金を計算するためのものです。いわゆる、税務申告（のもとになる会計）ですね。

経営側としては、できるだけ税金が少なくて、支出するお金を抑えられた方が助かるので、この税務申告には気を遣う人が多いものです。

税務会計が正しく行われているかどうかの判断は、きわめて簡単です。端的にいえば、「利益」の額が多く計算されていればＯＫ。税務当局は、徴収する税金が多いほどいいわけです。儲けを隠して利益を過少申告するとアウトですが、実際の利益より多い金額で申告しても、とがめられることはありません。これは他の会計と大きく異なる点です。

仮に、銀行などの債権者に会社の状態をよく見せるために、利益を多めに計算したとしても、税務署から叱られることはないのです。といっても、そんなことをすると本来払わなくてもいい税金を納めることになるので、実行するのはやめておきましょう。

ここでお伝えする「会計」は、税務会計をもとにしたものになります。自社や取引先の決算書を参照する場合、税務申告に使われている決算書をご覧になってください。

# 15

# 4つの利益だけを見れば「損益計算書」がわかる

## 損益計算書には、会社の1年の結果が表れている

会計書類のなかでも大事な書類の一つが「損益計算書（ＰＬ）」です。図3-1Ｐは Profit（利益）、Ｌは Loss（損失）の略で、「Profit and loss statement」が損益計算書の英文での正式名称になります。

**損益計算書には、会社が活動した1年間の結果が表されています。**いわば、事業で頑張った成果を示した〝成績表〟です。

「売上高」で事業の規模、「利益額」で事業の質が表されます。２つのうちでも重要視されて、利害関係者が気にするのが「利益額」です。どんなに売上を多くあげても、利益が出ず赤字続きでは、事業をやっている意味がありません（もちろん、将来多額の利益を生むために先行投資をして、一時的に赤字となるのは別です）。

単位：万円

| | |
|---|---|
| | ×× |
| | ×× |
| | ×× |
| | ×× |
| | ×× |
| ×× | |
| ⋮ | |
| | ×× |
| ×× | |
| ×× | |
| ⋮ | |
| | ×× |
| | ×× |
| ×× | |
| ⋮ | |
| | ×× |
| ×× | |
| ⋮ | |
| | ×× |
| | ×× |
| | ×× |
| | ×× |

この数値が赤字だとそもそも事業が成り立っていない

本業のビジネスがいくら儲かっているかがわかる数値

販管費の削減により、改善することができる

営業利益に、販管費に含まれている減価償却費を加えたのが実力利益（**営業利益＋減価償却費**）

営業利益から金融損益などを加減したもので、企業業績が評価される数値

借入金の返済が進めば支払利息が減り、改善される

経常利益に特別損益を加減したもので、法人税等の計算のもととなる数値

イレギュラーの損益が含まれているため、本来の企業業績といえない

税引前利益から法人税等を差引いた数値

3-1 **損益計算書(例)**

**損益計算書(ＰＬ)**

売上高
売上原価
　　　　　売上総利益
販売費及び一般管理費
　　　　　営業利益

営業外収益
受取利息
⋮
　　　　　営業外収益合計
営業外費用
支払利息
減価償却費(遊休資産)
⋮
　　　　　営業外費用合計
　　　　　経常利益

本業の活動に関係しない費用は、販管費ではなく営業外費用にすると、営業利益をよく見せることができる

特別利益
　固定資産売却益
⋮
　　　　　特別利益合計
特別損失
本社引越特別損失
⋮
　　　　　特別損失合計

めったに発生しない費用で多額のものは、販管費ではなく特別損失にすると、営業利益と経常利益をよく見せることができる

　　　　　税引前利益
法人税等
税引後利益(当期利益)

利益は大きく、**「粗利（売上総利益）」「営業利益」「経常利益」「税引前利益」**の４つに分けられます。損益計算書には、この４つの利益があり、それぞれどのような性質のものかということを覚えておいてください。

### ■粗利（売上総利益）

粗利を見ると、「そもそも儲かるような事業をしているか」という、とてもシンプルなことがわかります。例えば、原価が１００円の商品を買って、１３０円で売ることができれば、30円の差額がプラスとして生まれます。これが粗利です。

逆に１００円の商品を買って、90円で売れば10円の赤字です。そのようなことは、まず理屈では行われないでしょうが、実際には存在するものです。粗利で赤字というのは、そもそもビジネスが成り立っていないことを示しています。

### ■営業利益

ビジネスにはオフィスを借りたり、社員を雇用したり、水道光熱費がかかったりと、いろいろな費用が発生します。これらを**「販売費及び一般管理費」（販管費）**といいます。この**販管費を粗利から差し引いたのが「営業利益」**です。本業のビジネスが儲かっているかどうか、それがどのくらいの程度なのかを示しています。

## 経常利益

ビジネスをする上では、販管費とは別に金融費用がかかります。銀行から借入を行うと、その対価として金利を支払うことになり、また、逆に貸付を行うと金利が入ってきますね。そうした金融に関係する収入や支出を加減したものが「経常利益」です。

言い換えれば、**本業以外の収入や支出を考慮した利益**です。皆さんの**会社が1年間頑張った成果**であり、利害関係者に最も関心を持たれる数値になります。

## 税引前利益

普段は起きない突発的な事象が発生するのもビジネスです。長年、会社を経営している方なら、覚えがあることと思います。大きな事象でいえば「天災」などです。そこまで大きくはないですが、「事務所の引越し」などもそう何度もあるものではありません。

そういった、毎年は起こらないような事象による支出や収入は、「特別損益」として扱います。これを加減したのが「税引前利益」となります。この利益額をもとに法人税等が計算され、税引後利益が算出されます。

## 銀行に好まれる利益の序列

４つの利益を挙げましたが、損益計算書の上に表示される利益が大きいほど、銀行から好感を持たれます。すなわち、**「売上総利益」**→**「営業利益」**→**「経常利益」**→**「税引前利益」**の順番です。理由は図表に示したとおりです。

税理士さんは、税金をいくらにするかに責任を持つので、税引前利益の計算に重きをおいています。よって、それ以外の利益については、会社が意識を持つことをお勧めします。

例えば、遊休資産に関する費用、本業の活動に関係しない費用は、販管費ではなく「営業外費用」に計上しましょう。そうすることにより、営業利益をよく見せることができます。また、先述の「引越し」などのように、普段はめったに発生しない事象で、かつ、大きな費用は、販管費ではなく「特別損益」にすると、営業利益と経常利益をよく見せることができます。

ぜひ、このようなことにも気を遣って損益計算書を作ってください。

## 実力利益とは

４つの利益、粗利（売上総利益）、営業利益、経常利益、税引前利益についてお話ししました。それとは別に、表面に出ない「**実力利益**」というものがあります。この数値を把握しておくことも重要です。図3-2

これは名前のとおり、会社の実力を示すものです。「**ＥＢＩＴＤＡ**（Earnings Before Interest, Taxes, Depreciation and Amortization）」と示されます（「イービットダー」または「イビッダー」と発音されます）。

ざっくり説明すると、算式は「**営業利益＋減価償却費＝実力利益**」で表されます。「減価償却費」とは、ご存じのとおり資金の支出をともなわない費用です。営業利益を本業の力を示す数値とお話ししましたが、非資金的費用である減価償却費を販管費から差し引くことによって、**本業でキャッシュを生み出す力**を示すことになります。

設備資産が大きければ大きいほど、この減価償却費が多く計上され、見た目の利益は少なくなりますが、これを差し引くことによって、キャッシュを生み出す本当の力がわかることになります。

**3-2 実力利益とは（例）**

| | A社<br>**メーカー**<br>（設備が多い） | | B社<br>**コンサル業**<br>（設備が少ない） |
| --- | --- | --- | --- |
| 営業利益 | 100 | < | 110 |
| 減価償却費加算 | 50 | > | 10 |
| **実力利益** | 150 | > | 120 |

単位：万円

営業利益はＢ社の方が大きくとも、非資金的費用（減価償却費）がＡ社の方が多いと、実力利益の大きさが逆転する場合がある

# 16

# 意外と見られていない「貸借対照表」「勘定科目内訳明細書」

## 債務も資産もバランスが必要

損益計算書と並んで重要なのが、「貸借対照表」です。こちらはＢＳとも呼ばれますが、英字表記 Balance Sheet の略です。この計算書は左右に分かれていて、そのバランスが取れていることから、そう言われています。図3-3

左側に「資産」、右側に「負債」と「資本（純資産）」が示されており、左右の合計数値が必ず一致しなければならないのです。

資産の金額は会社の規模を示します。そして、**資産の元手が何で、どの程度かを示すのが「負債」と「資本」**です。

どのような資産や借入金額があるかも大事ですが、もっと重要なのが資本です。言い換えれば、**資本とは「仮に会社をたたんだ場合にいくらの金額が残るか」を表しており、**

**″会社の価値″を示す**ともいえます。

資産の金額より負債の金額の方が大きければ、資本の数値はマイナスとなります。この状態をご存じのとおり、「債務超過」といいます。

債務超過に陥れば、取引先と付き合う上で支障が生じますし、何より銀行との取引が大変難しくなります。

ただ、資産も大きければいいというものではありません。内容にも気を配る必要があります。例えば、売掛金が多いのは回収が遅いともいえますし、材料などの在庫の額が大きいというのは、買いすぎでお金が倉庫に眠っていることになります。

資産の各勘定科目は、調達した資金が何に使われているかを示し、負債と資本は調達した資金が返済する必要があるかどうかを示しています。

一般的に、損益計算書に興味をもたれることが多く、反して貸借対照表はあまり関心をもたれることがないのですが、会社の資金の状態を示しているので、貸借対照表も経営者にとっては、とても重要な計算書になります。

黒字経営を継続し、利益を計上し続ければ、内部留保の額が高まって資本の額が大きくなります。そして会社の財務体力が安定していきます。ぜひ、資本の金額に意識をもって経営にあたってください。

### 3-3 貸借対照表（BS）

単位：万円

| 資産 | | | 負債 | | |
|---|---|---|---|---|---|
| | 現金 | 30 | | 買掛金 | 150 |
| | 売掛金 | 290 | | 借入金 | 130 |
| | 土地 | 320 | | …… | |
| | 建物 | 170 | | | |
| | 商品（在庫） | 60 | | | |
| | …… | | | | 700 |
| | | | 資本（純資産） | 資本金 | 200 |
| | | | | 繰越利益 | 100 |
| | | | | | 300 |
| 合計 | | 1000 | 合計 | | 1000 |

売掛金が多い＝回収が遅い

買掛金が少ない＝金払いが良すぎる

資産より負債の額が多いと、ここの数字がマイナス（債務超過）になる

商品（在庫）が多い＝無駄なお金が眠っている

必ず一致する

## 3-4 勘定科目内訳明細書 売掛金（例）

科目：売掛金

（単位：円）

| No. | 名　称 | | 期末残高 | |
|---|---|---|---|---|
| 1 | （株）東京電機 | | 95,300,000 | |
| 2 | （株）神奈川通信 | | 71,475,000 | |
| 3 | 品川電気（株） | | 47,650,000 | |
| 4 | （株）SUN ソフト | | 38,120,000 | |
| 5 | オオキシステム開発（株） | | 23,825,000 | |
| 6 | ・ | | ××× | |
| 7 | ・ | | ××× | |
| 8 | ・ | | ××× | |
| 9 | | | | |
| 10 | | | | |

取引している得意先がわかる

各得意先との取引額がどの程度かわかる

**※銀行（債権者）はいざというときに売掛金の差押え先として使う。**

## 「勘定科目内訳明細書」を見れば取引先がわかる

これは貸借対照表よりも、さらに興味を持たれにくいのですが、「勘定科目内訳明細書」もポイントとなる書類です。図3-4 3-5

経営者でご存じないという方は、税務申告書を確認してみてください。マイナーではありますが、必ず付いているものなのです。

銀行の人たちは、必ずこれを見ています。これを見れば、その会社の取引先のことがだいたいわかります。どういう取引先にどの程度の売掛金があるとか、どういうところから仕入れて、買掛金の残高がいくらと

### 3-5 勘定科目内訳明細書 買掛金（例）

科目：買掛金

（単位：円）

| No. | 名　称 | | 期末残高 | |
|---|---|---|---|---|
| 1 | 上野システム開発（株） | | 42,885,000 | |
| 2 | （株）池袋商会 | | 32,163,750 | |
| 3 | （株）Shibuya Soft | | 21,442,500 | |
| 4 | （株）新宿制御システム | | 17,154,000 | |
| 5 | 大崎運輸（株） | | 10,721,250 | |
| 6 | ・ | | ××× | |
| 7 | ・ | | ××× | |
| 8 | ・ | | ××× | |
| 9 | | | | |
| 10 | | | | |

取引している**仕入先**がわかる

各仕入先との取引額がどの程度かわかる

いったことが一目瞭然です。

**銀行からすれば、勘定科目内訳明細書を見れば「いざというときに、どの債権を押さえることができるか」などがわかる**のです。

これらの情報は、会社が取引をするうえでも大いに参考になりますよね。例えば、同業他社との取引があれば比較検討して、比率を再検討するなど。

損益計算書と貸借対照表の2つだけでなく、この勘定科目内訳明細書もぜひ事業の参考にしてください。

17

# まずは月次決算をやってみよう

## 「管理会計」は〝自社流の数値管理〟でいい

〝管理〟という言葉は堅苦しく聞こえるかもしれませんが、「管理会計」は会計の中で一番シバリがないものです。何しろ、法令に関係なく自由でいいわけですから。管理＝自由と置きかえてみてください。ここでの意味は、ほぼ同じです。

私の知る某受託ソフトウエアの開発会社では、次のような管理をしていました。受注した案件について、プログラマーやＳＥの社員が働いた工数（時給×作業時間）や、社外に開発業務委託をした金額を「仮の売上高」として集計。いずれお金になるものとして、部門別に成績を管理していたのです。

また、ある印刷会社では、印刷機や材料となる紙、インキによって、単価を変えて原価を計算していましたが、その原価表なるものを一人の常務さんだけが持っていました。

その人しか原価計算をできないという変わった会社でしたが、これも自社の管理なので自由といえます。

自社独自で何か管理しやすい指標があるのであれば、どうぞ自由に業績管理に使ってください。それが管理会計というものです。

## 月次決算のポイントとメリット

会社は毎年、会計を締めて集計し、税務申告をしています。税務署に申告書を提出するのが年に1度なので、それはそれでいいのです。しかし、会社の状況を知るのが年に1回だとしたら、どうでしょうか。それでは遅すぎます。

年に1度ではなく、毎月会計を締めて集計する「月次決算」をお勧めします。これを実行していない中小企業は結構多いと思いますが、ぜひ実践してください。**月次決算は、いち早く会社の状態を知り、その対策を打つためにとても大事**です。

まずは、最低限のことだけでいいので、次に示すポイントを参考に、ぜひやってみてください。

### 1　請求書を「毎月月末」で締める

請求書の締め日を、すべて「月末」にします。20日締めなど、取引先への請求を月中に設定している場合も、月末締めに変更しましょう。仕入先からの請求も同じです。

### 2　残高照合を月末で行う

売掛金や買掛金の「残高」を毎月照合するのは大変です。それ以外の「重要なもの」について、月末残高と会計の勘定科目ごとの残高を合わせてください。

「銀行預金残高」や「現金残高」「借入金残高」「社員への仮払金残高」については、やり始めるとそう難しいことではありません。**資金関係の残高さえ合っていれば、月次決算をほぼ行ったのも同然**です。

中小企業にとっては、月次決算はこの2つを実践すれば、充分といえます。例えば、銀行から融資を受ける際には、「直近の税務申告による決算書」以外に、「その時点までに完成している試算表」が求められます。

その試算表の「預金残高」や「借入金残高」が、実情と異なっていたらどうでしょうか。銀行は、会社の管理方法に疑問を持つに違いありません。そういうことも、融資を実行するか否かの判断に関わってくるので、月次決算が大事なのです。

また、月次決算を重ねていくことにより、「前年対比」など過去の業績と比べることができるので、業績の変化の推移が把握しやすくなります。これは「事業計画」を作成するうえでも重要となってきます（詳しくは後述します）。

## 「四半期決算」で季節ごとの特徴を把握する

業績推移の話をしたので、もう少し付け加えます。

月ごとの比較に加えて、「３カ月ごと」に集計して比べてみてください。３月期決算の会社が多いので、それを例にとると、「４月〜６月」「７月〜９月」「10月〜12月」「１月〜３月」という区切りになります。これが「四半期決算」に相当します。

日本には４つの季節がありますが、この四半期決算を行うことで、季節ごとの特徴がわかるはずです。どの季節が良くて、どの季節が悪いということが見えてきます。

18

# 「年度決算」について

## 決算期を意味なく決めるのはもったいない

どの会社も「年度決算」を行い、税務申告を行っているというのは先述の通りです。では、その決算期はどのように決めている会社が多いのでしょうか。

以前、ある会社の社長に「10月が決算期となっていますが、なぜ10月を決算期にされたのですか」と尋ねたところ、こんな言葉が返ってきました。「いや～私が会社を設立したのが11月で。決算は12カ月ですから、10月期になったんです」。これについて、疑問を持たない方もいれば、「えっ」と驚いている方もいると思います。

設立月から1年後を決算期とした中小企業は多いと思いますが、それは「決算の月数は12カ月でないとダメだ」と思い込んでいるからでしょう。通常は確かに12カ月で行うものですが、会社の設立初年度や、決算期を変更する必要がある場合は、12カ月に満たなくても大丈夫なのです。

要するに、**会社の設立月に関係なく決算期を決めることが可能**なのです。**決算が1年に満たない〝変則決算〟も認められているということです。**これから会社を設立しようと思っている方は、なりゆきで決算期を決めないようにしましょう。

特段の事情がなければ、3月期がお勧めです。日本で一番多い決算期が3月期ですから「当たり前だ」と思われるかもしれません。確かに「一番多い」というのはポイントです。**他社と比較対照する場合や、昨今では珍しくない「M&A」をする場合に、決算期が同じというのは好都合**だからです。

次に、特段の理由がある場合です。自社の業績に季節変動があるような会社は、ぜひ業績がピークに到達する月を決算期としてください。事業計画を作り、これを達成するために予算統制をするには、年度末に業績のピークを迎えることが大事です。

例えば、ラーメン店を営む会社はどうしても夏場が業績不振で、冬場に好調期を迎えます。この会社が夏場である8月を決算期としていたらどうでしょうか。年度予算を達成するために、年度末に社員に気合いを入れて奮い立たせようにも、不得意とする夏場であっては士気があがらないと思いませんか。逆に、観光業など夏場を得意としているサービス業であれば、8月や9月に決算期を設けるといいかもしれません。

## なぜ節税のやりすぎはNGなのか?

経営者にとって、税理士さんの良し悪しは〝節税ノウハウ〟で測られることが多いですが、そればかりに気を取られるのも考えものです。私の知人の社長には、「創業以来、黒字決算を長く続けて、多額の税金を納めている」ことを誇りにしている方もいます。税務当局としては、まさに経営者のお手本といえる存在でしょう。

節税をせず、せっせと税金を納めましょうというつもりはないのですが、逆に、**節税のやりすぎには注意してください**。納税について、勘違いしている社長さんも少なくありません。実際に、こんなことを言う方がいます。

「今期は業績がすこぶる良かった。利益もたくさん出そうだ。このままだと、税金の額もスゴいことになる。税で持っていかれるくらいならお金を使っちゃおう」

こうした話は皆さんもよく聞くかもしれません。税金に取られるくらいなら、費用支出を多くして利益を減らし、課税額を低くするというのは、もっともらしく聞こえるかもしれません。しかし**「支出」が多くなるということは、税金として出るお金が他のものに変わったというだけ**です。

少し考えればわかることですが、それは節税額以上の支出となります。

例えば、課税率を40％とします。利益が１００万円のとき、税金は40万円です。その税金を半分にするために、50万円の費用を支出することにしました。そうすると、利益は50万円となり、税金は20万円に減らすことができます。

それぞれ、残るお金はいくらでしょうか？　２つを比べてみます。

先の例：利益１００万円－税金40万円＝残金60万円
後の例：利益１００万円－費用50万円－税金20万円＝残金30万円

節税して得したつもりが、残るお金（＝**内部留保：利益の計上が積み重なり内部に貯まっていった資金**）はむしろ減っているわけです。図3-6

こんなことをやっていては、立派な社長とはいえませんね。

当然ですが、「内部留保」は多いに越したことはないので、ぜひ貯め続けてください。

**内部留保の金額が大きければ大きいほど、会社の安定性を示し、長く会社を存続させることができる**のです。

3-6 **節税のやりすぎがダメな理由**

| 先の例 | | 後の例 | |
|---|---|---|---|
| 利益 | 100 | 利益 | 100 |
| 税金 | △40 | 費用 | △50 |
| | | **税金** | **△20** |
| **残金** | **60** | **残金** | **30** |

単位：万円

後の例では、税金が減っても
残金（内部留保）は減ることになる

# 19 分析指標を気にしない

## 中小企業は「指標」を気にしなくてOK

会計を苦手として嫌いになる方は、使う「分析指標」に原因があるかもしれません。英字での略語が多く出てきて、チンプンカンプンになる方も多いことでしょう。

しかし、それらの指標の多くは、中小企業にはあまり必要ではありません。例えば、ＲＯＥ（Return On Equity＝自己資本利益率）やＲＯＡ（Return On Assets＝総資産利益率）など。これらの指標を必要とするのは、上場企業の決算書を見て株式投資をする投資家の方々です。

中小企業の社長さんは**「自己資本比率」がわかれば充分**です。「それだけ？」と思われたかもしれませんが、あえてこれだけにしておきましょう。

では、自己資本比率は何パーセントが理想でしょうか。業種や事業規模によって異なるので一概には言えませんが、平均で20％くらいと言われています。そして、銀行からは30％以上あると良い会社と評価される傾向があります。

なお、算式は次のようになります。

**純資産（自己資本）÷総資産（他人資本＋自己資本）＝自己資本比率（会社の財務の質）**

負債は他人から調達するので、「他人資本」とも称し、それとは反対に自ら調達する資本を「自己資本」とも称します。これをより高めることを目的として、経営に努めてください。先述の「内部留保」に関わる指標です。

## 同業他社と比べてみる

決算における各種数値について、ぜひとも同業他社と比べてみてください。むしろ、そうしなくてはなりません。**同じ項目の数値を並べて比較することにより、自社のいい面や悪い面が見えてきます。**

他社の決算数値は、上場企業であればこと細かく開示されているので、容易に手に入ります。問題は、非上場企業の決算書です。

ビジネスで取引関係にあれば、しかも仕入先であれば「与信管理」という名目で決算書を提出してもらうことが可能でしょうが、そうでなければ簡単にもらえるものではありません。ましてや、ライバル企業であればなおさらですね。

法令においては、企業は決算公告をすることになっていますが、これを実際に行っている中小企業は少ないと思います。なぜなら、罰則がないからです。公告を行っていたとしてもかなり簡易な形式ですから、参考にはなりません。

したがって、非上場企業の決算内容を知るには、調査会社に依頼するのが一番です。帝国データバンク社や東京商工リサーチ社へ依頼するというのが現実的な方法です。

## ベンチマークする

決算の内容を他社と比較してやるべきは、「自社の良いところはさらに伸ばし、悪いところは改める」こと、そして、**「理想とする企業をベンチマークする」**ことです。

経営者であれば特に、同じ業界で目標としている企業や、お手本としたい企業があるはずです。その会社の決算数値を真似るようにしてください。単に、売上高や利益額を比べるのではなく、原価を構成する内容や人件費率、在庫の比率など、いろいろ比べてみましょう。参考となる数値がきっとあるはずです。

各種の経営数値を形式的に真似て、その数値が同じようになれば、おのずと目指す会社と似ていき、やがて追いつきます。数値がもっと良くなれば、目標としていた会社を越えていることでしょう。

第4章

# 危機に陥らないための経営計画とは

銀行にとって、取引相手である会社の事業の将来は、大きな関心事です。経営が安定している会社は、基礎がしっかりしています。少し先を見据えて経営計画を策定し、説明できるようにしておきましょう。

20

# 経営計画のすすめ

## 経営計画のなかで最も大事なのは「損益計画」

「一年の計は元旦にあり」と言われるように、何ごともはじめに「計画」を立てることが肝心です。しかし、上場している大企業と比べると、中小企業においては、計画が重視されていないことが多々あります。

社員は、社長が決めたことや言ったことにその都度従い、ただ実行するのみという会社も珍しくありません。いわゆる「カリスマ型のワンマン経営者」が何でも決めるケースですが、それは得策ではありません。経営者の頭の中にある計画を、幹部や社員に共有するべきです。

中小企業の場合、計画を開示する機会が限られます。上場企業のようにＩＲ（投資家向け情報開示）がないので、計画の内容について話したり、説明したりする機会が少な

# 四六判・B6判並製

いのです。しかし、**「銀行から融資を受ける」ときは、企業の規模を問わず絶対に「計画」が必要です。事業計画のなかでも一番重要とされるのが「損益計画」です。この損益計画がすべての基盤となり、社外や銀行からもこの計画に大きな関心を持たれます。**

他人ごとであっても〝稼ぎ〟というのは気になるもので、その類の記事は人気を集めています。もちろん、学生や社会人が就職、転職をするときも、給料の額は大きな判断材料になっています。企業でいえば「損益」が、会社員の給料の額にあたります。それだけ損益の数字は大事で、関係者は気にするものなのです。

会社員の関係者は「家族」ですが、企業の場合は「銀行」「取引先」「社員」などがそれに相当します。会社員が向こう1年間、自分はどのくらい稼げるか見通しが立っていないということはないでしょう。個人ですらそうなのですから、関係者が多く存在する「会社」であれば、なおさら〝稼ぎ〟がわかっていることが大事なのは明白です。

## キホンは「年度計画」

では、どのようにして損益計画を立てるのでしょうか。

計画のスパンとしては、1年単位で作っていきます。そこでこれを「年度計画」と言

4-1 損益計画のスケジュール

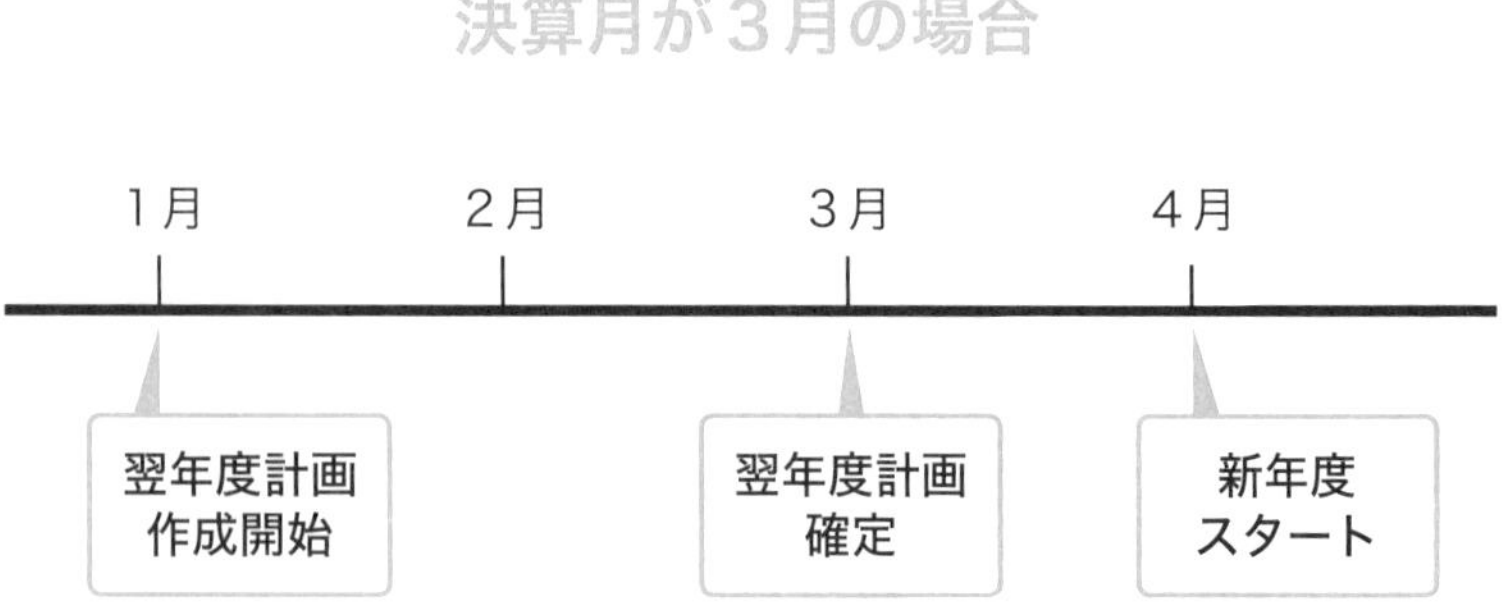


います。企業は会計年度があるので、それに一致した期間になります。例えば、決算月が3月であれば、4月から翌年3月までの1年の計画を作ります。

作成は、前年度の第四半期に入ったころに始めるのが理想的です。年明けに計画をスタートし、その年度の数字がほぼ決まる時期である3月に計画を確定させます。図4-1

## 「損益計画」を考えるのは誰か

もしあなたが会社の社長で、「こうした計画を立てるのは、社長であるオレだよね？」と思っているならエライです。しかし、残念ながら〝大正解〟ではありません。計画には「ボトムアップ」と「トップダウン」があり、両方のすり合わせが必要です。

ボトムアップとは各事業部が積み上げた数字で、

トップダウンは、社長が掲げた目指すべき数字を意味します。ベースは、ボトムアップです。中小企業に多い事例として、トップダウンだけで計画を立てることがあります。社長が作った数字を、社員の皆で頑張って達成するというものです。でも、それはあまりお勧めできません。他人が作った数字だからです。自分が作った数字であれば責任が発生し、達成する義務感も芽生えやすくなります。一方、他人が作って押し付けた数字だと、計画が未達であっても「どうせ自分が決めたわけじゃないし」「社長が作った数字だから」と言い訳しやすいのです。

したがって、**計画数字は、事業を行う現場である各部門に作ってもらいましょう。その数字と、トップが考えている数字とをすり合わせて微調整するというのが、〝ちょうどよい加減〟です。**

## 経営計画は「理念」にもとづいている

これも、ご存じの方にとっては常識かもしれませんが、事業においては「それを行っている理念」が大事です。別の言い方をすれば〝哲学〟というものです。これが経営計画を策定する際に土台となります。

銀行は、半期ごとの数値も気にするので、上期・下期・通期と３つの期間の集計を入れる

作成日：2021/5/15

単位：千円

| | | | | | | | 2022年3月期 |
|---|---|---|---|---|---|---|---|
| 10月度 | 11月度 | 12月度 | 2022/1月度 | 2月度 | 3月度 | 下期 | 年度計 |
| 計画 | 計画 | 計画 | 計画 | 計画 | 計画 | 計画 | 計画 |
| 428,809 | 349,517 | 690,972 | 368,775 | 335,385 | 1,024,618 | 3,198,078 | 5,897,772 |
| 337,688 | 282,575 | 559,875 | 298,563 | 272,832 | 820,790 | 2,572,323 | 4,760,686 |
| 78.75% | 80.85% | 81.03% | 80.96% | 81.35% | 80.11% | 80.43% | 80.72% |
| | | | 0 | | | | |
| 91,121 | 66,942 | 131,098 | 70,213 | 62,553 | 203,828 | 625,755 | 1,137,086 |
| 21.25% | 19.15% | 18.97% | 19.04% | 18.65% | 19.89% | 19.57% | 19.28% |
| 54,321 | 53,467 | 54,690 | 53,511 | 53,487 | 54,228 | 323,704 | 658,914 |
| 4,046 | 3,283 | 3,587 | 4,025 | 3,532 | 3,310 | 21,785 | 45,903 |
| 7,484 | 6,638 | 8,723 | 10,321 | 8,785 | 8,868 | 50,820 | 102,294 |
| 12,965 | 5,892 | 6,757 | 6,029 | 5,887 | 5,459 | 42,990 | 91,743 |
| 1,000 | 1,000 | 1,000 | 1,000 | 1,000 | 1,000 | 6,000 | 12,000 |
| 79,817 | 70,280 | 74,758 | 74,887 | 72,692 | 72,866 | 445,299 | 910,854 |
| 18.61% | 20.11% | 10.82% | 20.31% | 21.67% | 7.11% | 13.92% | 15.44% |
| 11,305 | -3,338 | 56,340 | -4,675 | -10,139 | 130,963 | 180,456 | 226,231 |
| 2.64% | -0.96% | 8.15% | -1.27% | -3.02% | 12.78% | 5.64% | 3.84% |
| 300 | 300 | 450 | 300 | 300 | 450 | 2,100 | 4,200 |
| 1,219 | 2,005 | 1,223 | 1,220 | 1,173 | 1,223 | 8,062 | 16,933 |
| 10,386 | -5,043 | 55,567 | -5,594 | -11,012 | 130,190 | 174,494 | 213,498 |
| 2.42% | -1.44% | 8.04% | -1.52% | -3.28% | 12.71% | 5.46% | 3.62% |

当初計画のときには、「計画」と表示し、銀行に経過報告をするときは、当該月になれば見込み数値に置き換えて「見込」と表示する。

そして、数値が確定すれば数値を更新し、「実績」とする。また、当該月の翌月は予定数値に置き換えて、「予定」と表示する

## 4-2 損益計画書（例）

部門名：全社　　　　作成者名：高輪吏紗

| | 2021/4月度<br>実績 | 5月度<br>見込 | 6月度<br>予定 | 7月度<br>計画 | 8月度<br>計画 | 9月度<br>計画 | 上期<br>計画 |
|---|---|---|---|---|---|---|---|
| 売上高 | 287,246 | 309,392 | 515,339 | 370,862 | 333,271 | 883,583 | 2,699,693 |
| 売上原価 | 236,974 | 252,111 | 419,391 | 299,837 | 272,151 | 707,899 | 2,188,363 |
| （売上原価率） | 82.50% | 81.49% | 81.38% | 80.85% | 81.66% | 80.12% | 81.06% |
| 売上総利益 | 50,272 | 57,281 | 95,947 | 71,026 | 61,120 | 175,685 | 511,331 |
| （売上総利益率） | 17.50% | 18.51% | 18.62% | 19.15% | 18.34% | 19.88% | 18.94% |
| 人件費 | 57,458 | 56,606 | 56,209 | 55,192 | 54,847 | 54,899 | 335,210 |
| 販売費 | 6,231 | 3,411 | 3,623 | 4,218 | 3,264 | 3,368 | 24,117 |
| 固定費 | 11,624 | 12,120 | 7,309 | 6,739 | 6,654 | 7,030 | 51,474 |
| 管理費 | 17,837 | 7,089 | 9,399 | 4,875 | 3,349 | 6,204 | 48,753 |
| その他経費 | 1,000 | 1,000 | 1,000 | 1,000 | 1,000 | 1,000 | 6,000 |
| 販管費 | 94,150 | 80,226 | 77,540 | 72,024 | 69,114 | 72,501 | 465,555 |
| （販管費率） | 32.78% | 25.93% | 15.05% | 19.42% | 20.74% | 8.21% | 17.24% |
| 営業利益 | -43,878 | -22,945 | 18,407 | -998 | -7,994 | 103,183 | 45,775 |
| （営業利益率） | -15.28% | -7.42% | 3.57% | -0.27% | -2.40% | 11.68% | 1.70% |
| 営業外収益 | 300 | 300 | 450 | 300 | 300 | 450 | 2,100 |
| 営業外費用 | 1,202 | 2,021 | 1,206 | 2,019 | 1,220 | 1,204 | 8,871 |
| 経常利益 | -44,780 | -24,665 | 17,651 | -2,717 | -8,914 | 102,430 | 39,004 |
| | -15.59% | -7.97% | 3.43% | -0.73% | -2.67% | 11.59% | 1.44% |

銀行に提出する計画書では、売上総利益、営業利益、経営利益の３つの利益を報告する

反対からいえば、**経営理念を具現化する手段が「経営計画」です。**図4-3

企業は整った社会基盤の上に存在し、営みを行っています。会社は公器である以上、社会貢献により還元が必要なのです。

また、周囲の人々は、その人や会社の理念・哲学に共感し、賛同するものです。あなたが企業の社長であれば、事業を始めようと起業を考えたときに、高い志があったはずです。それが理念です。特にないという場合は、ぜひこれを機に考えてみてください。哲学や理念を掲げることは法律で定められているわけではありません。しかし、**理念は「会社における憲法」**とも言えます。会社組織の求心力となり、そこに社員が集うことになります。会社が存続し、継続する原点となる理念を掲げてみましょう。

そして、ぜひそれを社長がみずから行動に移して実践してください。

ある会社では「お客さま第一主義」という理念を掲げていました。しかしその社長は、どう見てもその理念を実践しているようには感じられず、社員から「社長は自分第一主義だよね」と陰口をたたかれていました。理念が形骸化すると逆効果になってしまうので、よく考えて作成することが大事です。

経営計画には損益計画などの数値が含まれるのですが、企業理念や経営方針などの

「数値でない部分」を多く用いてください。計画の期間は、3年から5年の中長期になります。

**【経営計画骨子】**

- 企業理念
- 理念を具現化する経営方針
- 方針を達成するための各種目標
- 事業目標数値
- 会社組織改革（営業組織強化など）
- 新規事業への取組み
- 将来目標（株式上場など）

## 経営計画は全社に発表する

経営計画を策定したら、ぜひ全社に発表してください。というより、発表するために作ります。発表は「全社会議」を開催して行うのが理想です。社員数が多い会社では全員を集めるのは難しいかもしれませんが、できるだけそうしてください。

毎年、全社員の集まる経営発表会を開催して発信することにより、経営計画を周知徹底し、社員の士気を高めるのです。年に1回でもこういう場を作り、会社が進む方向のベクトル合わせをすることはとても重要です。

株式会社 Gotanda

4-3 経営計画書 目次（例）

# 経営計画書

## 4-4 トヨタ自動車の企業理念

# 基本理念

1. 内外の法およびその精神を遵守し、オープンでフェアな企業活動を通じて、国際社会から信頼される企業市民をめざす
2. 各国、各地域の文化、慣習を尊重し、地域に根ざした企業活動を通じて、経済・社会の発展に貢献する
3. クリーンで安全な商品の提供を使命とし、あらゆる企業活動を通じて、住みよい地球と豊かな社会づくりに取り組む
4. 様々な分野での最先端技術の研究と開発に努め、世界中のお客様のご要望にお応えする魅力あふれる商品・サービスを提供する
5. 労使相互信頼・責任を基本に、個人の創造力とチームワークの強みを最大限に高める企業風土をつくる
6. グローバルで革新的な経営により、社会との調和ある成長をめざす
7. 開かれた取引関係を基本に、互いに研究と創造に努め、長期安定的な成長と共存共栄を実現する

トヨタは、'92年1月「企業を取り巻く環境が大きく変化している時こそ、確固とした理念を持って進むべき道を見極めていくことが重要」との認識に立ち、「トヨタ基本理念」を策定いたしました。('97年4月改定)

出所：トヨタ自動車 web サイト https://global.toyota/jp/company/vision-and-philosophy/guiding-principles/

# 21

# 「設備計画」もしっかり行う

## 貸借対照表（BS）勘定は資金計画に影響する

すでに実践している会社にとっては、損益計画を立てることは〝常識レベル〟でしょう。しかし、「設備計画」はどうでしょうか。皆さんの会社は立てているでしょうか？

中小企業でこれをやっていれば、相当優秀です。実践している会社はあまり多くありません。なぜなら設備計画は損益に直接関係なく、利益の増減に直結しないからです。

ここでいう設備とは、事務用の机や椅子などが単品で少額購入され、費用勘定で計上されるといったことではありません。いったん、損益とは関係ない「貸借対照表」の「資産」に計上されるものです。しかし、これらも減価償却され、費用計上されますから、「損益」とまったく関係ないというわけではありません。

ここでお伝えしたいのは、損益に関係するから設備の計画をしましょうということで

4-5 費用か固定資産（減価償却）の判定チャート

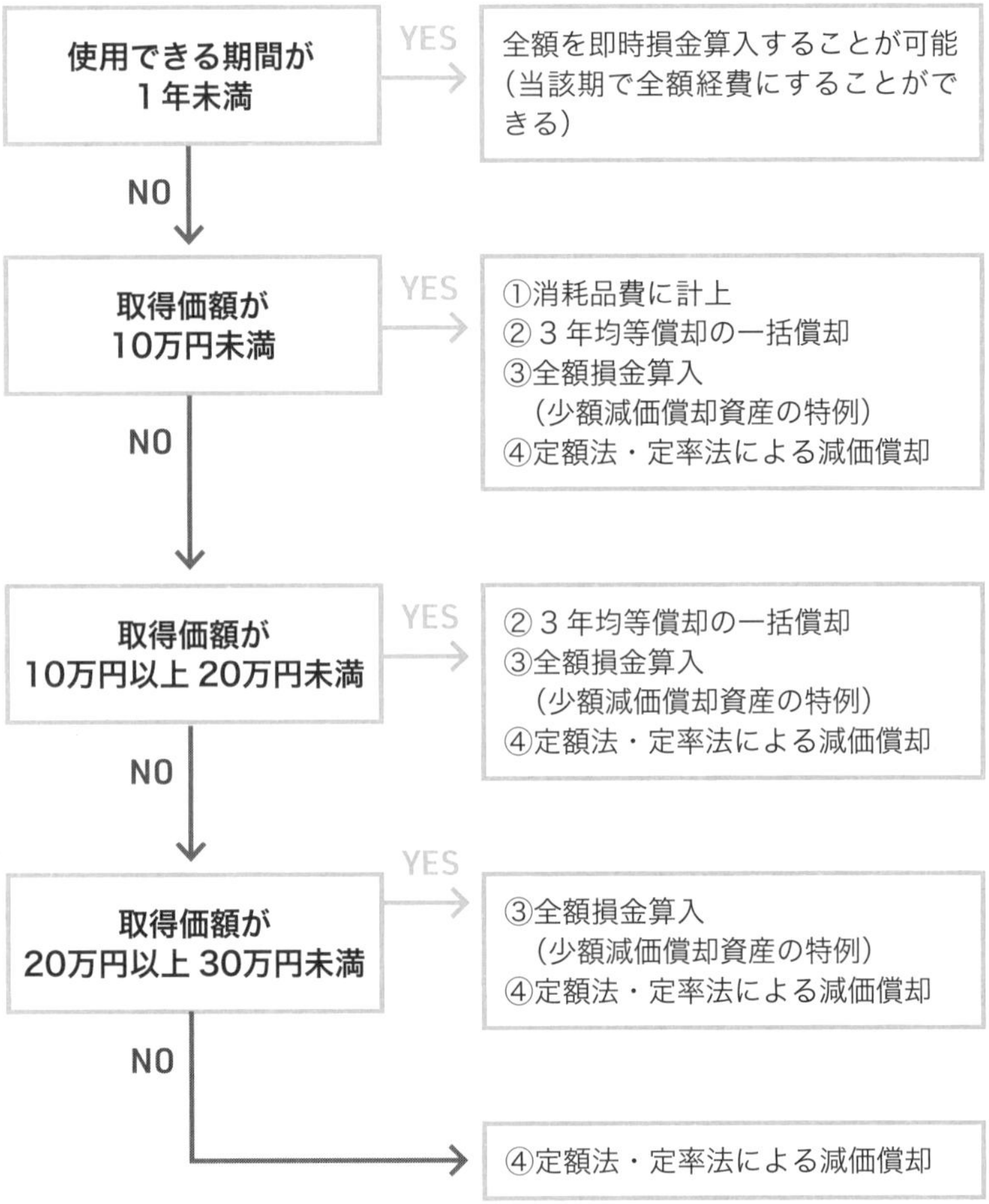


大塚商会 web サイト「『費用？ 減価償却？ 中小企業の資産購入』の巻」〈費用か減価償却か〜判定早分かりチャート〉をもとに作成
出所：https://mypage.otsuka-shokai.co.jp/contents/business-oyakudachi/expert-keiri-kyuyo/2014/201412.html

はありません。もちろん、それも大事ですが、もっと重要なのは**「貸借対照表（BS）勘定は資金計画に影響する」**ということです。

例えば、生産設備や営業車両の購入のほか、所有不動産の修繕支出などは、損益計画の対象外ですが、資金計画には影響します。

資産購入のダメな例はこんな感じです。「今月は予想外の大口の売上があった。かなりのお金が入ってきそうだ。よし、前から買い替えようと思っていたパソコンを、この機会に一新しよう」。笑わないでください。中小企業では珍しい話ではありません。

もっとヒドい事例もあります。「手元資金が増えそうだから、クルマを買おう！」という場合です。クルマといっても事業用車両ではなく、社長が乗る外車や高級車です。例えば、ある社長はベントレーに乗っていました。ベントレー、事業に必要でしょうか？　こういうことをしている会社は、事業計画などにまるで無関心というケースがほとんどです。銀行がお金を貸したがらない会社に該当してしまいます。

さて、余談が過ぎましたが、設備計画はしっかり立ててください。

設備計画に必要な項目は次の通りです。図4-6

**・設備件名　・取得予定年月　・投資総額　・投資目的　・投資効果　など**

作成日：2021/3/1
（単位：千円）

| 投資目的・投資効果 | 備考 |
|---|---|
| 災害・事故・事件発生時の情報収集 | |
| ＰＣのリプレース | |
| ＰＣのリプレース | |
| ノートＰＣのリプレース | |
| 増車による営業効率化 | |
| | |
| | |

投資金額は損益計画からは読みとれないので
投資計画の金額を資金繰り計画に反映する

| 投資目的・投資効果 | 備考 |
|---|---|
| 事故防止 | |
| 経年劣化修繕 | 出窓落下の危険あり |
| 経年劣化修繕 | 屋根一部崩落の危険あり |
| 経年劣化修繕 | クロス・床等 |
| | |
| | |
| | |

## 4-6 設備・修繕　投資計画書（例）

部門名：本社管理部　　　作成者名：高輪 吏紗

| No. | 設備件名 | 取得予定 | | 投資総額 | | |
|---|---|---|---|---|---|---|
| | | 年 | 月 | 数量 | 単価 | 投資額 |
| 1 | テレビ・ビデオ | 2021 | 4 | 2 | 150 | 300 |
| 2 | デスクトップ PC | 2021 | 7 | 1 | 190 | 190 |
| 3 | デスクトップ PC | 2021 | 10 | 1 | 190 | 190 |
| 4 | ノート PC | 2022 | 1 | 1 | 199 | 199 |
| 5 | 営業車両 | 2022 | 3 | 3 | 1,500 | 4,500 |
| | | | | | | |
| | | | | | | **5,379** |

| No. | 修繕件名 | 実施予定 | | 投資総額 | | |
|---|---|---|---|---|---|---|
| | | 年 | 月 | | | 投資額 |
| 1 | 本社ビル　エレベータ改修 | 2021 | 6 | 1 | 1,600 | 1,600 |
| 2 | 社員保養所　大浴場出窓補修 | 2021 | 9 | 1 | 1,500 | 1,500 |
| 3 | 社員保養所　屋根補修 | 2021 | 12 | 1 | 2,500 | 2,500 |
| 4 | 社宅　リフォーム | 2021 | 3 | 1 | 3,000 | 3,000 |
| | | | | | | |
| | | | | | | |
| | | | | | | **8,600** |

# 22

# 定例会議のすすめ

## 定例会議は事業計画の推進エンジン

各種計画を作成した以上、着実に実行していく必要があります。そのために役立つのが、「会議」です。会議が〝推進エンジン〟となって事業計画を遂行、実践することにより、会社を引っ張っていきます。

計画の管理は「ＰＤＣＡ」を基本とします。また、会議は定例化し、毎月決まった時期に必ず開催してください。

中小企業で起こりがちなのが、せっかく会議のしくみを作ったにもかかわらず、途中で止めてしまうということです。よくあるパターンが自然消滅型、それも社長の都合によるものです。定例開催日が、社長の外せないスケジュールと重なって延期となったものの、その代替日もまた不都合となり、結局その月は開催せずじまい。それが重なっていき、いつの間にかなくなっている…といったケースです。

そうならないよう、計画したらきちんと遂行しましょう。会議の役目がなくなったり、異なる会議に発展させたりする場合は、それを決めて止めればいいのです。

## 定例会議の開催要領

会議の進行として中小企業でよくあるのが、〝とりあえず集まって議論が始まる〟というパターンです。これでは、せっかく普段の業務の合間をぬって集まっても、効率よく会議が進みません。

そこで**必要なのが、アジェンダ（議題をまとめた表）を作ることです。会議では、そのアジェンダに沿って進行することを心がけてください。** 図4-7

**会議の時間は2時間以内が理想です。**大人数の場合でも、5時間が限界かと思います。それ以上続けても頭が固くなってしまい、いい議論はできないでしょう。

議案は参加者より事前に募っておき、主催者がそれをまとめます。日程は前回開催時に出席者の都合を確認しておき、早めに決めるといいでしょう。そして、会議の数日前に開催通知を関係者に連絡し、出欠を事前に確認しておきましょう。

【定例会議開催要領】

1　会議開催通知を事前に行う
・開催日は前回開催時に決めておく
・議案は参加者より募っておき、主催者がまとめる
2　参加者の出欠を事前に確認しておく
3　会議当日はアジェンダに沿って会議進行する
・会議所要時間は2時間

## 会議の種類について

会社の規模によって、どの段階まで行うかは変わってきますが、基本的な会議の種類として、「事業部会」「幹部会」「取締役会」などがあります。それぞれについてご説明します。

### ■事業部会

名称はどのようなものでもいいのですが、各事業部門で行う会議を一般に「事業部

会」と言います。参加メンバーは事業部に所属する全員が理想ですが、業務都合により主要メンバーのみでもいいでしょう。

この会議では「前月の業績報告」「今月の業績見込み」「行動計画の進捗報告」などを話し合います。月はじめなど、できるだけ毎月早い時期に開催してください。

## ■幹部会

社長や取締役らと、各事業部の主要役職者を参加メンバーとする「幹部会」というものがあります。ここでは、各事業部の責任者が担当部門の状況報告を行います。

社長や取締役が参加する点で事業部会と異なり、内容は経営サイド寄りです。設備投資案件や新規事業など、取締役会へ上程する議案候補も、この場で事前協議します。

## ■取締役会

取締役会は会社法で開催が義務付けられているので、開催は必須です。

同法では3カ月に1度以上としていますが、これも毎月開催した方がいいでしょう。

ちなみに、上場審査では、毎月適正に開催されていることが審査要件に入っています。

法律で定められているとはいえ、中小企業では開催していないことが多いのが実情で

## 4-7 幹部会議アジェンダ（例）

# 5月度 幹部会議案

期 日：2021年5月26日 13:00 ～ 17:00
場 所：本社会議室
参加者：品川社長、池田山専務事業本部長、高輪常務財務本部長、大崎事業部長
　　　　戸越事業部長、馬込部長、池上部長、目黒部長、渋谷部長、広尾部長、青山課長
　　　　赤坂課長　計12名

1．4月度損益報告
　高輪常務：全体報告
　P1：事業部計、P2：受託ソフト開発事業部計、P3：アプリ開発事業部計、
　P16：公共受託開発部計、P19：ビジネスソフト部計、P25：ゲームソフト部計、
　P31：EC開発部計、P35：コンサルティング部計

2．今月損益着地見込及び行動計画報告
　各事業部長、各部長：
　受託ソフト開発事業部、アプリ開発事業部
　公共受託開発部、ビジネスソフト部、ゲームソフト部、EC開発部
　コンサルティング部

　大崎事業部長、戸越事業部長、馬込部長、池上部長、目黒部長、渋谷部長、広尾部長
　：個別報告（行動計画を含む）
　※事業部別・部別 課題及び対策進捗状況

3．設備・修繕 投資計画
　青山課長：最新情報報告

4．海外新規事業の件
　・馬込部長：中国進捗状況（ゲームソフト）
　・池田山専務：その他海外案件共有

5．その他報告事項
　・高輪常務：M&A案件他

6．次回開催日日程調整【案】：6月21日 13:00 ～ 17:00

以上

## 4-8 取締役会で決議するべきこと

**取締役会決議事項**

**主な決議事項は７つある**

1．重要な財産の処分及び譲り受け
2．多額の借財
3．支配人その他の重要な使用人の選任及び解任
4．支店その他の重要な組織の設置、変更及び廃止
5．募集社債の金額、社債を引き受ける者の募集に関する重要な事項
6．内部統制システムの構築に関する決定
7．定款の定めに基づく取締役、会計参与、監査役、執行役または会計監査人の会社に対する責任の免除

**その他の決議事項例**

1．自己株式の取得株数、価格等の決定
2．株式分割
3．株式無償割当てに関する事項の決定
4．公開会社における新株発行の募集事項の決定
5．公開会社における新株予約権の募集事項の決定
6．株主総会の招集の決定
7．取締役による競業取引および利益相反取引の承認
8．計算書類及び事業報告並びにこれらの附属明細書の承認
9．代表取締役の選任及び解任

す。なぜなら、決まった罰則がないからです。罰則がなければ面倒なことを避けるのが中小企業のカルチャーとしてありがちですが、皆さんの会社はどうでしょうか。

　内容についても、会社法で決められています。ただし、会社法で定められている事案は、毎月必ず発生するものではありません。取締役会には非常勤の取締役や監査役も参加するので、その方々に事業の状況を報告するのが主な内容となります。

## 4-9 主要会議一覧表（例）

株式会社 Gotanda　総務部

| 会議名称 | 開催日＆時間 | 対象者 取締役 | 対象者 事業部長 | 対象者 部長 | 対象者 本社部長・室長 | 対象者 その他 | 備　考 |
|---|---|---|---|---|---|---|---|
| 1．事業部長会 | 第４営業日前後　10:10～12:00 | | ● | | | 社長、事務局 | 事業部長による近況情報交換 |
| 2．事業部会 | 13営業日後　13:00～17:00 | △ | ● | ● | | 事業部長の指名者 | 事業部の業績報告 |
| 3．幹部会 | 15営業日後　13:00～17:00 | ● | ● | ● | ● | 主要担当者 | 各部門業績及び業容の近況報告 |
| 4．取締役会 | 幹部会同日　17:00～18:00 | ● | | | | 監査役、事務局 | 重要な業務執行の決定等【会社法 362 条】 |
| 5．経営戦略会議※合宿 | 半期毎　１泊２日 | ● | ● | ● | ● | 全社部長職 | 幹部社員による経営課題等の集中検討会 |

**事業部長会**：特に議案をあげて議論をするものではなく、他部門と近況情報を交換する会となります。

**経営戦略会議※合宿**：普段とは異なる場所に合宿形式で幹部が集まり交流することによって、一体感を高めます。

# 23

# 「実績管理」の基本をおさえておく

## 計画は実績とワンセット

ある会社の社長の話です。その方は優秀なアイデアマンで、将来を語るのが得意でした。彼の流暢《りゅうちょう》なしゃべりを聞くとみんな魅了され、事業の計画にもうっとりしてしまいます。

しかし、相手が銀行となると話は別です。まずは実績が必要です。銀行としては、「その計画の信ぴょう性」を判断する基準として、会社にその計画を達成できる実績、実力があるかどうかを見ます。

起業したばかりであれば、もちろん実績はないはずで、代わりに参考となるものが必要になりますが、通常は実績にもとづいて計画が立てられます。計画と実績は2つでワンセットになります。

**銀行に納得してもらうには「実績にもとづいた裏付け」が必要であり、どんなに立派な計画を作っても、実力が乏しく、計画が身の丈に合っていなければ、信用されない**ということです。

## 「部門別」に管理する

では、具体的にどのようにして実績を管理すればいいのでしょうか。

基本的なことを挙げると、部門別の管理が必要です。どの会社も、組織は大きく「**事業部門**」と「**管理部門**」という2つの部門に分けることができます。

事業部門とは、〝本業〟を営んでいる部門です。たとえばメーカーであれば「製造部」といった名称でしょうし、飲食店であれば、各店舗になります。

一方の管理部門とは、「総務部」や「経理部」のことで、間接的に事業部門を支えている部門です。

**〝本業〟の稼ぐ力を見るために、この事業部門と管理部門の2つを分けて管理することが重要です。また、そうすることで、最低限必要な管理部門の費用負担をするには、どの程度の事業規模が必要かを判断できます。**

管理部門は、各種業者との取引窓口を担ったり、社員の給与計算や経理処理を行っており、企業経営において欠かせない部門です。これらの費用を事業部門の利益で稼げないのであれば、事業モデルは成り立たないことになります。

また、「部門別」の管理は、できるだけ詳細に分けるに越したことはありません。**中小企業であれば、「人別」に管理するのもわかりやすい方法**です。幹部や役職者ごとに管理することは、人事評価の際にも大いに役に立つことでしょう。

某印刷会社の話です。とても優秀な事業部がありました。常にトップクラスの売上実績を上げていて、社長からの評価も高く、事業部の責任者や営業部門は鼻高々でした。しかしその会社では、売上は事業部ごとに管理していたものの、「費用管理」は全事業部の一括でしか行っていませんでした。

それでは、部門や人事について、正しく評価できるはずがありません。「売上が大きければ会社に貢献した」とはなりません。やはり「利益管理」が必要です。

その会社はやがて、費用管理も事業部ごとに行うことになりました。するとどうでしょう。社長からいつも褒められていた事業部や責任者が、まったく逆の立場になったのです。

なぜなら、そこの営業部長は、売上を上げるために、取引先の接待で多額の交際費を使っていたことがわかったからです。部門別の費用管理をすると、売上は大きいものの、利益が出るどころか赤字だったのです。

この営業部長は交際費をそれまで通りには使えなくなり、それにより売上成績が落ち込んでしまいました。そして会社に居づらくなったのか、退職してしまいました。

辞める事態に陥ったのは可哀相かもしれませんが、放っておけば〝赤字たれ流し〟だったわけですから、仕方ないといえば仕方のないことだったのかもしれません。

## 「商品（サービス）別」に管理する

次は「商品（サービス）別」の管理についてです。

商品やサービスごとに管理することは基本中の基本で、まさかその管理をしていない会社なんてないだろうと思われるかもしれませんが、商品別の採算管理ができていないと、様々な業務に支障をきたすので改めて説明します。

会計では、**商品（サービス）別に採算管理することを「個別原価計算」といいます。**

これを行っていないと次のような支障が生じます。

例えば、A〜Eの5つの商品を扱っていて、A商品のみに使用する材料代の値上げ要請が仕入先からあったとします。

このとき、A商品の粗利がわかっていれば、その値上げに応じていいのか、あるいは商品売価にいくら転嫁すればいいのかがわかります。

また、粗利を「商品別」に管理することに加えて、管理部門の人件費や水道光熱費などの「間接費」も分けて負担させることが大事です。

## 管理部門（間接部門）も管理する

事業部や取扱商品・サービスごとに採算を管理している会社の中でも、**「管理部門」まで管理している会社は中小企業では少ない**ものです。管理部門を代表するのは、総務部や経理部などです。

管理部門を管理していない会社の理由としては、「事業に直接関与していない」ことが大きいでしょう。総務部や経理部が頑張っても売上が増えるわけではありません。

これはある面では正しく、別の面では間違っています。総務部も経理部も売上を上げるために頑張っています。それを事業部門の人は理解していなかったとしても、経営者は理解するべきです。

私は長らく管理部門を経験しましたが、実は新人のころに営業を経験したことがあります。２つの相反する部門を経験したので、双方の考えがわかるつもりです。

総務部や経理部の社員は、商品を直接生産することはありません。また、取引先へ営業に訪問することもありません。しかし、生産部門や営業部門の社員の業務負担を軽減しています。労務管理や給与計算、取引先からの入金管理や業者への支払管理を行っています。これらの業務を行うことにより、間接的に業績に関与し会社を支えています。

管理部門にも経費がかかり、お金を使っていますから当然ですね。管理部門もぜひ予算化して、経費を管理してください。

## 社長も管理される対象とする

経営者の中には、「社長もちゃんと管理しましょう」と言うと、眉をひそめる方もいらっしゃいます。社員を管理するのは好きでも、自分が管理されることには抵抗があるようで、自分のことは放っておいてほしいという社長が多いのは確かです。

私が再建に関わった某ＩＴ系企業の社長もそうでした。社長の出した経費については経理部も細かいことを確認せず、交通費や会議費で落とせそうなものはそうして、そうでないものは交際費にしていました。何に使ったのか、経理部の社員はこと細かく知りませんでした。

他の社員にはうるさく追及しても、社長が使った経費の内容についてはノータッチ。これでは管理していることになりませんね。

私はその社長に、飲食は「どこの誰と何人でしたか」と詳細を尋ねました。その方は相手の会社に迷惑がかかると言い訳をしましたが、会社の支出に不明朗があってはいけないことを説明しました。私がしつこく食い下がったものですから、社長は最後には観念しました。

経費の内容を細かく聞かれると知ると、その社長の経費支出が減りました。

不思議でしょうか？　いいえ、不思議ではありません。以前は経理部の社員に知られたくない経費があったということです。管理をちゃんと行えば、経費の支出は、それだけでおのずと減るものです。**会社での決めごとに〝イレギュラー〟があってはいけないのです。**

第5章

# 正しい「資金繰り表」を作る

家庭における家計簿の役割を持つのが「資金繰り表」。銀行に融資を申し込む際、必ず提出を求められます。そのときに慌てないようにするために、日頃からどういった準備をしておけばよいのかをお伝えします。

## 24

# なぜ資金繰り表が一番大事なのか

### 資金繰り表は家計簿の役割

経営に必要な財務資料には、第3章で触れた「損益計算書」や「貸借対照表」などのいわゆる「財務諸表」が中心としてあります。これらは先述の通り、自社や社外の利害関係者が会社を評価する基準となる、大切な資料です。

一般の家庭では、損益計算書や貸借対照表なるものは作っていないはずです。法律で義務付けられているわけでも、実際に必要とされているわけでもないからです。しかし、家計の管理をしっかり行っている家庭では、「家計簿」を作り、家庭の「収入」「支出」「残高」を把握しています。

企業において、この家計簿の役割をもつのが「資金繰り表」です。資金繰り表のない会社は、資金管理をしていないことになってしまいます。にもかかわらず、資金繰り表を用意していない会社も少なくありません。

**銀行から融資を受けるときは、この資金繰り表を提出する必要があります**（提出は義務ではありませんが、銀行と良好な関係を保つのであれば情報共有は必要です。特にメインバンクとはそのような関係でありたいものです）。

**お金が「何のために」「どのくらい」「なぜ」必要か、そして「その返済はどのように行われるのか」を見極めるために、資金繰り表が使われます。**いざというときに慌てないようにするために、日頃からしっかり作っておきたいものです。

## 銀行は資金繰り表のどこを見ているのか

粉飾決算という言葉を耳にしたことがあると思います。これは簡単に言えば、決算の内容を実際より良く見せるためにウソをつくということ、具体的には「『損益計算書』や『貸借対照表』などの財務諸表を改ざんする」ということです。

ニュースでときどき粉飾決算の事件が報道されるのは、改ざんしようと思えばできるということですね。しかし、特に上場企業は社会的責任が重く、このような不正は重罰を伴います（社外の人も株式投資を通じてお金を出しているので、当然と言えます）。

**このウソが通じるとしたら「損益計算書」や「貸借対照表」などに限られ、資金繰り表には通じません。**なぜなら、資金繰り表で経営が良い状態ならば、手元資金残高が多額にあるということで、ゴマかしようがないからです。

例えば「○月に預金残高が1億円ある」というウソの資金繰り表を作った場合、その証拠として銀行の預金残高の明細（取引銀行が発行する残高証明書 図5-1）を求められれば一発でウソがバレます。この預金残高証明書の添付を要求されると、弁明の余地がありません。それは、損益計算書や貸借対照表で架空の売上や資本内容を作ることができても、実際の資金残高はゴマかせないことによります。

どのような数字にもいえることですが、**銀行が一番気にして見ているところは整合性、いろいろな数字のつじつまが合っているかどうか**です。ウソの数値が入っていると、どこかに綻びができてくるものです。整合性がとれず矛盾が生じていると、せっかく出した資料が悪い材料として捉えられ、逆効果となります。数値に化粧（実際の数値を盛る）をするのは禁物です。

ウソの数値は論外の悪い例ですが、反対の良い例は、数値の裏づけがとれているものです。**1つの数値に対して、その裏づけとなる詳細な数値や説明が加えられているものを銀行は好みます。**皆さんもぜひ、銀行に好まれる数字（資料）を作ってください。

## 5-1 残高証明書（例）

# 残高証明書

見　本

令和２年９月１日

〒 220-8612
神奈川県横浜市西区
みなとみらい３丁目 1-1

浜銀　太郎　様

横浜銀行　横浜駅前支店
045-311-1571
発行店　　本店営業部　（印）

令和２年３月 31 日現在　　　　（1／1）

| 取引種類 | 通貨 | 口座番号 | 金　　額 | 摘　　要 |
|---|---|---|---|---|
| 普通預金 | | 1234567 | ¥150,000. | |
| 定期預金 | | 9876543 | ¥1,000,000. | |
| | | | 以下余白 | |
| | | | | |
| | | | | |
| | | | | |
| | | | | |
| | | | | |
| | | | | |
| | | | | |
| | | | | |
| | | | | |
| | | | | |
| | | | | |
| | | | | |
| | | | | |
| | | | | |
| | | | | |

ご注意　＊この証明書の金額は訂正しません。
＊未決済の手形・小切手がある場合には上記金額に摘要欄記載の未決済残高を含みます。
＊発行対象を「1. 全てのお取引」、「4. 国内全取引」とされた場合、投資信託取引は含まれません。

出所：横浜銀行 web サイト https://www.boy.co.jp/kojin/tameru/gaika/ib/gaiyo5.html

# 25

# 正しい資金繰り表の作り方

## 「売掛金回収計画」を作るときのポイント

資金繰り表の重要な点の1つに、**「損益上の売上計画」はそのまま「売掛金の回収予定」とならない**ということが挙げられます。

「売上」は、商品やサービスがお客様に検収されることで、金額が計上されます。その取引によって発生する「債権（売掛金）」は、売上発生月に回収されるわけではありません。そこで、「損益上の発生月」と「売掛金の回収月」に差異が生じます。

また、損益上の売上は「税抜金額」で表示しますが、売掛金は仮受消費税が加算されるので「税込金額」になります。税抜か税込かで金額に差額が生じ、**資金繰りには売上の金額をそのまま使えないので注意が必要**です。

5-2 売上と売掛金の額は一致しない

単位：万円

| | | | |
|---|---|---|---|
| 売掛金 | 110 | 売上 | 100 |
| | | 仮受消費税 | 10 |

売上 100 ＋ 仮受消費税 10（100 × 10%）＝ 売掛金 110

「売上」は税抜金額で、資金繰り表にその額をそのまま使えないので注意

（会計仕訳例）※売上金額と売掛金額は一致しない　図5-2

売上　100万円
仮受消費税　10万円
売掛金　110万円

## ■「売掛金回収計画表」作成のポイント

売掛金がいつ入金されるかを表す「回収サイト予定」は、実績に基づいて算出します。実績は過去3カ月くらいが妥当で、それより短いと平均値といえませんし、それより長くとる必要もありません。図5-3

手順①：参考とする過去月の回収サイトごとの「実績金額」を入力する
手順②：3カ月の平均比率を算出する

A表

| | 2020/10月 | 11月 | 12月 | 合　計 | |
|---|---|---|---|---|---|
| 検　　収 | 160,107 | 163,813 | 278,435 | 602,355 | 100.0% |
| **手形回収** | **4,237** | **3,137** | **9,464** | **16,838** | **2.8%** |
| 当月回収 | 35,141 | 0 | 9,914 | 45,055 | 7.5% |
| 翌月回収 | 57,138 | 73,759 | 130,434 | 261,331 | 43.4% |
| 翌々月回収 | 56,276 | 82,277 | 119,766 | 258,319 | 42.9% |
| 翌々々回収 | 6,744 | 3,951 | 8,223 | 18,918 | 3.1% |
| 上記以降 | 571 | 689 | 634 | 1,894 | 0.3% |

| 8月 | 9月 | 10月 | 11月 | 12月 | 2022/1月 | 2月 | 3月 | 4月以降 | 合　計 |
|---|---|---|---|---|---|---|---|---|---|
| | | | | | | | | | 1,359,700 |
| 1,400 | 5,600 | 7,000 | | | | | | | |
| 1.500 | | | | | | | | | 501,300 |
| | 1,600 | 6,300 | 8,000 | | | | | | |
| 17,500 | 1,700 | | | | | | | | 566,000 |
| | | 2,400 | 9,600 | | | | | | |
| 367,300 | 26,500 | 2,600 | | | | | | | 856,200 |
| | | | 1,500 | | | | | | |
| 231,500 | 228,800 | 16,500 | 1,600 | | | | | | 533,300 |
| | | | | 1,500 | 5,900 | 7,300 | | | |
| 39,600 | 229,100 | 226,400 | 16,400 | 1,600 | | | | | 527,800 |
| | | | | | 3,300 | 13,000 | 16,300 | | |
| | 87,400 | 505,600 | 499,700 | 36,100 | 3,500 | | | | 1,164,900 |
| | | | | | | 1,800 | 7,200 | 9,000 | |
| | | 48,100 | 278,400 | 275,200 | 19,900 | 1,900 | | | 641,500 |
| | | | | | | | 1,500 | 13,700 | |
| | | | 40,600 | 235,100 | 232,300 | 16,800 | 1,600 | | 541,600 |
| | | | | | | | | 25,300 | |
| | | | | 67,800 | 392,300 | 387,800 | 28,000 | 2,700 | 903,900 |
| | | | | | | | | 16,100 | |
| | | | | | 43,200 | 249,800 | 246,900 | 19,600 | 575,600 |
| | | | | | | | | 16,000 | |
| | | | | | | 42,700 | 247,100 | 263,600 | 569,400 |
| | | | | | | | | 47,400 | |
| | | | | | | | 126,900 | 1,517,600 | 1,691,900 |
| 1,400 | 7,200 | 15,700 | 19,100 | 19,500 | 16,600 | 22,100 | 25,000 | 127,500 | 258,700 |
| 657,400 | 573,500 | 799,200 | 836,700 | 615,800 | 691,200 | 699,000 | 650,500 | 1,803,500 | 10,174,400 |
| | | | | | | | | 振込回収通期計 | 8,370,900 |
| 658,800 | 580,700 | 814,900 | 855,800 | 635,300 | 707,800 | 721,100 | 675,500 | 1,931,000 | 10,433,100 |
| 0 | 0 | 0 | 0 | 0 | 0 | 0 | 0 | 0 | 0 |
| | | | | | | | | | 41,400 |
| 1,400 | 7,200 | 15,700 | 19,100 | 19,500 | 16,600 | 22,100 | 25,000 | 127,500 | 258,700 |
| 1,400 | 7,200 | 15,700 | 19,100 | 19,500 | 16,600 | 22,100 | 25,000 | 127,500 | 300,100 |
| | | | | | | | | 手形取立通期計 | 172,600 |

手順③：B表（A表の平均値）の率により回収月を配賦する。
手形取立月も実績の平均値を利用するか、金額が少ない場合は概算率を利用する
→この表では4カ月後10%、5カ月後40%、6カ月後50%

資金繰り表の
「手形取立」欄に転記

# 5-3 売掛金回収計画表（例）

A表の平均値

**B表**

| | |
|---|---|
| **手形回収** | 2.8% |
| 当月回収 | 7.5% |
| 翌月回収 | 43.4% |
| 翌々月回収 | 42.9% |
| 翌々々回収 | 3.1% |
| 上記以降 | 0.3% |
| | 100.0% |

損益計画の売上金額（税抜）

| 売上計画 | | | 売掛金 | | 2021/4月 | 5月 | 6月 | 7月 |
|---|---|---|---|---|---|---|---|---|
| | | ↓**期末BS売掛金残** | | 手形取立 | | | | 4,600 |
| | 2021/3月 | 3月末売掛金残 | 1,359,700 | 振込回収 | 650.300 | 703.200 | 1.600 | |
| | | | | 手形取立 | | | | |
| 455,682 | 2021/4月 | 売上回収 | 501,300 | 振込回収 | 37.600 | 217.600 | 215.100 | 15.500 |
| | | | | 手形取立 | | | | |
| 514,504 | 5月 | 〃 | 566,000 | 振込回収 | | 42,500 | 245,600 | 242,800 |
| | | | | 手形取立 | | | | |
| 778,342 | 6月 | 〃 | 856,200 | 振込回収 | | | 64,200 | 371,600 |
| | | | | 手形取立 | | | | |
| 484,783 | 7月 | 〃 | 533,300 | 振込回収 | | | | 40,000 |
| | | | | 手形取立 | | | | |
| 479,856 | 8月 | 〃 | 527,800 | 振込回収 | | | | |
| | | | | 手形取立 | | | | |
| 1,059,006 | 9月 | 〃 | 1,164,900 | 振込回収 | | | | |
| | | | | 手形取立 | | | | |
| 583,204 | 10月 | 〃 | 641,500 | 振込回収 | | | | |
| | | | | 手形取立 | | | | |
| 492,319 | 11月 | 〃 | 541,600 | 振込回収 | | | | |
| | | | | 手形取立 | | | | |
| 821,682 | 12月 | 〃 | 903,900 | 振込回収 | | | | |
| | | | | 手形取立 | | | | |
| 523,268 | 2022/1月 | 〃 | 575,600 | 振込回収 | | | | |
| | | | | 手形取立 | | | | |
| 517,601 | 2月 | 〃 | 569,400 | 振込回収 | | | | |
| | | | | 手形取立 | | | | |
| 1,538,117 | 3月 | 〃 | 1,691,900 | 振込回収 | | | | |
| | | 手形取立 | | | 0 | 0 | 0 | 4,600 |
| 8,248,364 | | 振込回収 | | | 687,900 | 963,300 | 526,500 | 669,900 |
| | 合計 | | 10,433,100 | | 687,900 | 963,300 | 526,500 | 674,500 |
| | 合計差異 | | | | 0 | 0 | 0 | 0 |
| 3/31 | 現在BS受取手形残高の回収予定 | | | | 13,800 | 13,800 | 13,800 | |
| | | 回収予定分 | | | 0 | 0 | 0 | 4,600 |
| | | 手形取立合計 | | | 13,800 | 13,800 | 13,800 | 4,600 |

売掛金金額（税込）

資金繰り表の「売掛金回収」欄に転記

一方で「買掛金」は、多くは基本的に自社の既定支払サイトどおりに支払います。そのため、売掛金の回収ほど複雑ではありません。

しかし、既定の支払サイト以外の支払が定期的に発生する場合は、それを考慮する必要があります。例えば、仕入先への資金繰り支援のため、既定の支払日より前倒しで支払っている場合です。

## ■「買掛金支払計画表」作成のポイント

買掛金の支払月も売掛金と同じく実績に基づいて算出します。

もちろん、買掛金の金額も税込金額になりますから、損益計画の仕入数値に消費税率を乗じて税込にしなくてはいけません。図5-4

・前渡金《ぜんときん》…仕入の検収前（商品納品前）に、代金を支払うこと

・前払金…仕入の検収後（商品納品後）に、既定の支払サイトより前に代金を支払うこと

## 「設備投資支出計画」の作り方

売掛金や買掛金など、ほとんどの入出金項目は損益計画をもとに作ることができます。しかし、製造業の工場や小売業の店舗、あるいは本社の建物といった各種設備の計画は、「損益計画」には含まれません。

これらは貸借対照表科目になりますから、損益科目とは別に「設備投資支出計画」を作ることになります。図5-5

### ■「設備投資支出計画表」作成のポイント

各部門から「設備投資計画」の情報を集めたら、そこに記載してある「設備の必要時期」に単純に合わせるのではなく、資金繰りに余裕があるときなど、自社の都合を考慮して購入時期（支払時期）を決めます。

手順①：参考とする過去月の支払サイトごとの「実績金額」を入力する
手順②：３カ月の平均比率を算出する

**A表**

| | 2020/10月 | 11月 | 12月 | 合　計 | |
|---|---|---|---|---|---|
| 前渡金１ヵ月前 | 9,590 | 5,990 | 15,590 | 31,170 | 4.6% |
| 前渡金当月 | 20,194 | 19,200 | 39,412 | 78,806 | 11.7% |
| 前払翌月 | 32,901 | 29,013 | 42,393 | 104,307 | 15.4% |
| 繰延べ | 6,058 | 5,868 | 8,658 | 20,584 | 3.0% |
| 規定支払（60日） | 131,451 | 145,592 | 163,337 | 440,380 | 65.2% |
| 合　計 | 200,194 | 205,663 | 269,390 | 675,247 | 100.0% |

手順③：B表（A表の平均値）の率により支払月を配賦する

| 8月 | 9月 | 10月 | 11月 | 12月 | 2022/1月 | 2月 | 3月 | 4月以降 | 合　計 |
|---|---|---|---|---|---|---|---|---|---|
| | | | | | | | | | 504,900 |
| | | | | | | | | | 192,200 |
| 6,000 | | | | | | | | | 199,400 |
| 149,400 | 6,900 | | | | | | | | 228,900 |
| 35,300 | 149,800 | 6,900 | | | | | | | 229,300 |
| 23,700 | 31,200 | 132,300 | 6,100 | | | | | | 202,600 |
| 14,900 | 37,800 | 49,800 | 211,100 | 9,700 | | | | | 323,300 |
| | 10,700 | 27,100 | 35,700 | 151,300 | 7,000 | | | | 231,800 |
| | | 11,000 | 27,900 | 36,700 | 155,400 | 7,100 | | | 238,100 |
| | | | 14,300 | 36,500 | 48,000 | 203,700 | 9,400 | | 311,900 |
| | | | | 12,100 | 30,700 | 40,300 | 171,000 | 7,900 | 262,000 |
| | | | | | 11,800 | 30,000 | 39,500 | 175,300 | 256,600 |
| | | | | | | 19,200 | 48,900 | 349,900 | 418,000 |
| 229,300 | 236,400 | 227,100 | 295,100 | 246,300 | 252,900 | 300,300 | 268,800 | 533,100 | 3,599,000 |

## 5-4 買掛金支払計画表（例）

A表の平均値

**B表**

（単位：千円）

| | |
|---|---|
| 前渡金１ヵ月前 | 4.6% |
| 前渡金当月 | 11.7% |
| 前払翌月 | 15.4% |
| 繰延べ | 3.0% |
| 規定支払い | 65.2% |
| 合　計 | 99.9% |

損益計画の仕入金額（税抜）

↓期末BS売掛金残

| 仕入計画 | | | 検収額（買掛金） | 2021/3月 | 2021/4月 | 5月 | 6月 | 7月 |
|---|---|---|---|---|---|---|---|---|
| | 2021/3月 | 3月末売掛金残 | 504,900 | 0 | 193,800 | 311,100 | | |
| 174,735 | 2021/4月 | 仕入検収 | 192,200 | 8,800 | 22,500 | 29,600 | 125,500 | 5,800 |
| 181,269 | 5月 | 〃 | 199,400 | | 9,200 | 23,300 | 30,700 | 130,200 |
| 208,060 | 6月 | 〃 | 228,900 | | | 10,500 | 26,800 | 35,300 |
| 208,487 | 7月 | 〃 | 229,300 | | | | 10,500 | 26,800 |
| 184,137 | 8月 | 〃 | 202,600 | | | | | 9,300 |
| 293,869 | 9月 | 〃 | 323,300 | | | | | |
| 210,731 | 10月 | 〃 | 231,800 | | | | | |
| 216,488 | 11月 | 〃 | 238,100 | | | | | |
| 283,569 | 12月 | 〃 | 311,900 | | | | | |
| 238,144 | 2022/1月 | 〃 | 262,000 | | | | | |
| 233,279 | 2月 | 〃 | 256,600 | | | | | |
| 380,016 | 3月 | 〃 | 418,000 | | | | | |
| 2,812,784 | 合　計 | | 3,599,000 | 8,800 | 225,500 | 374,500 | 193,500 | 207,400 |

買掛金金額（税込）

資金繰り表の
買掛金支払欄に転記

| | 8月 | 9月 | 10月 | 11月 | 12月 | 2022年<br>1月 | 2月 | 3月 | 合　計 |
|---|---|---|---|---|---|---|---|---|---|
| | | | | | | | | | 2,500 |
| | | | | | | | | | 500 |
| | | 10,000 | | | | | | | 10,000 |
| | | | | | | | | | 600 |
| | | | | | | | | | 1,000 |
| | | | 2,000 | | | | | | 2,000 |
| | | | | | 5,000 | | | | 5,000 |
| | | | | | | 2,000 | | | 2,000 |
| | | | | | | | | 3,000 | 3,000 |
| | 1,000 | 1,000 | 1,000 | 1,000 | 1,000 | 1,000 | 1,000 | 1,000 | 12,000 |
| | 1,000 | 11,000 | 3,000 | 1,000 | 6,000 | 3,000 | 1,000 | 4,000 | 38,600 |

設備の必要時期と資金繰り上の都合を考慮して支払月を決める

部門ごとに計画したもの（例4-6）を全社で集計する

## 5-5 設備投資支出計画表（例）

（単位：千円）

| 項目 | 単価 | 数量 | 2021年 4月 | 5月 | 6月 | 7月 |
|---|---|---|---|---|---|---|
| 1 本社 PC 入替え | 250 | 10 台 | 2,500 | | | |
| 2 営業部プリンター | 500 | 1 台 | | 500 | | |
| 3 社内統合システム（新規） | 10,000 | 1 式 | | | | |
| 4 保養所エアコン設置 | 200 | 3 台 | | | | |
| 5 横浜支店ネットワーク工事 | 1,000 | 1 式 | | | | 1,000 |
| 6 経理システム導入 | 2,000 | 1 式 | | | | |
| 7 大阪支社セキュリティ設備 | 5,000 | 1 式 | | | | |
| 8 人事管理システム | 2,000 | 1 式 | | | | |
| 9 営業車購入 | 1,000 | 3 台 | | | | |
| 10 修繕費（その他）月額 | 1,000 | 12 カ月 | 1,000 | 1,000 | 1,000 | 1,000 |
| 合　計 | | | 3,500 | 2,100 | 1,000 | 2,000 |

縦軸に各部門からの情報を元に設備内容・単価・数量を記載する

資金繰り表の設備投資支出欄に転記

# 26 資金繰り表の種類

## 日次資金繰り表

個人と違って企業では、多額のお金が日々「入金」と「支出」の両面で動いています。

資金管理の効率性をよくするためにも、〝日繰り表〟と呼ばれる「日次資金繰り表」で日々の資金繰りを管理するのがお勧めです。図5-6

例えば、給料日は、ほとんどの企業で月中の25日となっています。受取手形の期日は月末とは限りませんし、リース料金の決済日も月中の場合が多いものです。

月間で資金が足りていたとしても、月の途中で資金不足が生じては大変です。よって、月中での資金管理が必要になってきます。

### ■「日次資金繰り表」作成のポイント

入金や支出の期日は、土日など金融機関休業日によって前後するので注意します。**借入金の実行日は、大口支出がある日に合わせて効率よく行います。**

## 月次資金繰り表

一般的な資金繰り表は「月次」のものをいいます。銀行が融資実行の審査をするときに提出を求めてくる資金繰り表がこれです。図5-7 提出を求められてから慌てて作るのはお勧めできません。**損益計算書など他の資料と整合性が取れていなかったりして、銀行から不審の目で見られると、融資を受けられなくなる**ので、ぜひ毎月しっかり作成してください。

### ■「月次資金繰り表」作成のポイント

月末が金融機関休業日にあたると、売掛金の入金日と公共料金などの支出日が前後します。そのために月末資金残高が通常月と違うとき、それがわかるように表示しておきます。

単位：千円

| 退職金 | 諸経費 | 支払利息 | 税金 | 投資／貸付 | その他 | 借入返済 | 支出計 | 借入額 | 翌日繰越 |
|---|---|---|---|---|---|---|---|---|---|
| | | | | | | | 0 | | 420,300 |
| | | | | | | | 0 | | 420,300 |
| | | | | | | | 0 | | 420,300 |
| | | | | | | | 0 | | 420,300 |
| | | | | | | | 6,740 | | 453,660 |
| | | | | | | | 0 | | 453,660 |
| | | | | | | | 0 | | 453,660 |
| | | | | | | | 0 | | 453,660 |
| 2,800 | | | | | | | 2,800 | | 450,860 |
| | | | | | | | 0 | | 450,860 |
| | | | | | | | 0 | | 450,860 |
| | | | | | | | 22,400 | | 505,230 |
| | | | | | | | 0 | | 505,230 |
| | | | | | | | 0 | | 505,230 |
| | | | | | | | 0 | | 545,030 |
| | | | | | | | 0 | | 545,030 |
| | | | | | | | 0 | | 545,030 |
| | | | | | | | 0 | | 545,030 |
| | | | | | | | 0 | | 545,030 |
| | | | | 1,700 | | | 12,930 | | 599,600 |
| | | | | | | | 0 | | 599,600 |
| | | | | | | | 0 | 200,000 | 799,600 |
| | | | | | | | 259,000 | | 540,600 |
| | | | | | | | 0 | | 540,600 |
| | | | | | | | 0 | | 540,600 |
| | | | | | | | 5,400 | | 606,900 |
| | | | | | | | 0 | | 606,900 |
| | | | | | | | 0 | | 606,900 |
| | | | | | | | 0 | | 606,900 |
| 0 | 89,100 | 830 | 800 | 0 | 10,500 | 13,800 | 322,460 | | 715,370 |
| | | | | | | | 0 | | 715,370 |
| 2,800 | 89,100 | 830 | 800 | 1,700 | 10,500 | 13,800 | 631,730 | 200,000 | 712,300 |

横軸に入金と支出の項目を記載する

借入は大口支出がある日に合わせて効率よくおこなう

**給料や手形決済など、月中に支払額が大きいものがある場合、日次の資金繰り表を作っておくとよい**

## 5-6 日次資金繰り表（例）

2021 年 4 月度

| 月／日 | 曜日 | 前日繰越 | 売掛金回収 | 受取手形回収 | その他入金 | 入金計 | 買掛金支払 | 材料仕入 | 給料 |
|---|---|---|---|---|---|---|---|---|---|
| 4/1 | 木 | 420,300 | | | | 0 | | | |
| 4/2 | 金 | 420,300 | | | | 0 | | | |
| 4/3 | 土 | 420,300 | | | | 0 | | | |
| 4/4 | 日 | 420,300 | | | | 0 | | | |
| 4/5 | 月 | 420,300 | 39,800 | 300 | | 40,100 | 6,740 | | |
| 4/6 | 火 | 453,660 | | | | 0 | | | |
| 4/7 | 水 | 453,660 | | | | 0 | | | |
| 4/8 | 木 | 453,660 | | | | 0 | | | |
| 4/9 | 金 | 453,660 | | | | 0 | | | |
| 4/10 | 土 | 450,860 | | | | 0 | | | |
| 4/11 | 日 | 450,860 | | | | 0 | | | |
| 4/12 | 月 | 450,860 | 76,770 | | | 76,770 | 22,400 | | |
| 4/13 | 火 | 505,230 | | | | 0 | | | |
| 4/14 | 水 | 505,230 | | | | 0 | | | |
| 4/15 | 木 | 505,230 | 39,800 | | | 39,800 | | | |
| 4/16 | 金 | 545,030 | | | | 0 | | | |
| 4/17 | 土 | 545,030 | | | | 0 | | | |
| 4/18 | 日 | 545,030 | | | | 0 | | | |
| 4/19 | 月 | 545,030 | | | | 0 | | | |
| 4/20 | 火 | 545,030 | 59,800 | | 7,700 | 67,500 | 11,230 | | |
| 4/21 | 水 | 599,600 | | | | 0 | | | |
| 4/22 | 木 | 599,600 | | | | 0 | | | |
| 4/23 | 金 | 799,600 | | | | 0 | | | 259,000 |
| 4/24 | 土 | 540,600 | | | | 0 | | | |
| 4/25 | 日 | 540,600 | | | | 0 | | | |
| 4/26 | 月 | 540,600 | 71,700 | | | 71,700 | 5,400 | | |
| 4/27 | 火 | 606,900 | | | | 0 | | | |
| 4/28 | 水 | 606,900 | | | | 0 | | | |
| 4/29 | 木 | 606,900 | | | | 0 | | | |
| 4/30 | 金 | 606,900 | 409,830 | 2,900 | 18,200 | 430,930 | 178,930 | 28,500 | 0 |
| | | 715,370 | | | | 0 | | | |
| 合計 | | | 697,700 | 3,200 | 25,900 | 726,800 | 224,700 | 28,500 | 259,000 |

金融機関休業日は入金や支出の期日が前後するので
分かりやすく色分け表示する

| 上期計<br>計画 | 10月(月末休業)<br>計画 | 11月<br>計画 | 12月(月末休業)<br>計画 | 2022年1月<br>計画 | 2月<br>計画 | 3月<br>計画 | 下期計<br>計画 | 通期計<br>計画 |
|---|---|---|---|---|---|---|---|---|
| 620,300 | 348,800 | 499,000 | 628,100 | 604,200 | 469,500 | 715,000 | 348,800 | 620,300 |
| 3,873,400 | 625,000 | 962,800 | 517,900 | 599,800 | 875,200 | 466,300 | 4,047,000 | 7,920,400 |
| 41,700 | 30 | [illegible] | [illegible] | [illegible] | [illegible] | [illegible] | [illegible] | 87,400 |
| 200 | 10 | [illegible] | [illegible] | [illegible] | [illegible] | [illegible] | [illegible] | 400 |
| 0 | [illegible] | [illegible] | [illegible] | [illegible] | [illegible] | [illegible] | [illegible] | 0 |
| 39,000 | 5,50 | [illegible] | [illegible] | [illegible] | [illegible] | [illegible] | [illegible] | 79,700 |
| 3,954,300 | 630,90 | [illegible] | [illegible] | [illegible] | [illegible] | [illegible] | [illegible] | 87,900 |
| 1,297,000 | 195,600 | 232,200 | 222,000 | 242,800 | 239,700 | 225,000 | 1,357,300 | 2,654,300 |
| 75,600 | 8,600 | 26,900 | 3,900 | 14,300 | 3,200 | 8,200 | 65,100 | 140,700 |
| 1,628,000 | 223,100 | 322,200 | 237,100 | 299,200 | 252,000 | 267,500 | 1,601,100 | 3,229,100 |
| 4,500 | 700 | 200 | 0 | 700 | 1,200 | 0 | 2,800 | 7,300 |
| 279,600 | | | 265,200 | 0 | | | 265,200 | 544,800 |
| 395,600 | 60,800 | 59,100 | 62,400 | 62,700 | 74,600 | 42,700 | 362,300 | 757,900 |
| 21,700 | 1,400 | 5,100 | 1,800 | 4,700 | 3,100 | 2,600 | 18,700 | 40,400 |
| 900 | | | | 300 | | | 300 | 1,200 |
| 3,702,900 | 490,200 | 645,700 | 792,400 | 624,700 | 573,800 | 546,000 | 3,672,800 | 7,375,700 |
| 251,400 | 140,700 | 330,300 | -269,900 | -5,900 | 320,000 | -54,400 | 460,800 | 712,200 |
| 126,700 | 0 | 55,900 | 400 | 900 | 43,900 | 0 | 101,100 | 227,800 |
| 44,200 | | | | | | | 0 | 44,200 |
| 26,100 | | | | | | | 0 | 26,100 |
| 197,000 | 0 | 55,900 | 400 | 900 | 43,900 | 0 | 101,100 | 298,100 |
| 54,400 | 140,700 | 274,400 | -270,300 | -6,800 | 276,100 | -54,400 | 359,700 | 414,100 |
| 0 | | | | | | | 0 | 0 |
| 0 | | | | | | 10,000 | 10,000 | 10,000 |
| 14,300 | 6,400 | | | 30,100 | 93,500 | 136,700 | 266,700 | 281,000 |
| 200 | | | | | | | 0 | 200 |
| 14,500 | 6,400 | 0 | 0 | 30,100 | 93,500 | 146,700 | 276,700 | 291,200 |
| 0 | | | | | | | 0 | 0 |
| 37,000 | 10,500 | 6,000 | 25,200 | 8,800 | 16,300 | 500 | 67,300 | 104,300 |
| 0 | | | | 10,000 | | | 10,000 | 10,000 |
| 313,000 | | | | | | | 0 | 313,000 |
| 350,000 | 10,500 | 6,000 | 25,200 | 18,800 | 16,300 | 500 | 77,300 | 427,300 |
| -335,500 | -4,100 | -6,000 | -25,200 | 11,300 | 77,200 | 146,200 | 199,400 | -136,100 |
| 590,000 | 90,000 | | 290,000 | | | | 380,000 | 970,000 |
| 0 | | | | | | | 0 | 0 |
| 590,000 | 90,000 | 0 | 290,000 | 0 | 0 | 0 | 380,000 | 970,000 |
| 580,400 | 76,400 | 139,300 | 18,400 | 139,200 | 107,800 | 267,900 | 749,000 | 1,329,400 |
| 580,400 | 76,400 | 139,300 | 18,400 | 139,200 | 107,800 | 267,900 | 749,000 | 1,329,400 |
| (1,161,000) | | | | | | | (　0) | (1,161,000) |
| 9,600 | 13,600 | -139,300 | 271,600 | -139,200 | -107,800 | -267,900 | -369,000 | -359,400 |
| -271,500 | 150,200 | 129,100 | -23,900 | -134,700 | 245,500 | -176,100 | 190,100 | -81,400 |
| 348,800 | 499,000 | 628,100 | 604,200 | 469,500 | 715,000 | 538,900 | 538,900 | 538,900 |
| | | | | | | | | |
| 20,000 | 20,000 | 20,000 | 20,000 | 20,000 | 20,000 | 20,000 | 20,000 | 20,000 |
| 2,253,200 | 2,266,800 | 2,127,500 | 2,399,100 | 2,259,900 | 2,152,100 | 1,884,200 | 1,884,200 | 1,884,200 |

※預金残高は固定性預金残高を除く。

月末が金融機関休業日の場合は入金日と支出日が前後するので「月末休業」と表示する

集計は通期の他に半期ごとにもおこない、上期と下期の偏りがわかるようにする

## 5-7 月次資金繰り表（例）

（単位：千円）

| 区分 | | 項目 | 2021年4月 実績 | 5月(月末休業) 見込 | 6月 予定 | 7月(月末休業) 計画 | 8月 計画 | 9月 計画 |
|---|---|---|---|---|---|---|---|---|
| 前月繰越預金残高 | | | 620,300 | 736,900 | 925,700 | 682,000 | 527,300 | 556,000 |
| 経常収支 | 収入 | 売掛金現金回収 | 797,700 | 1,043,200 | 346,400 | 433,400 | 797,400 | 455,300 |
| | | 受取手形期日回収 | 3,200 | 10,400 | 4,900 | 300 | 14,200 | 8,700 |
| | | 受取利息 | [illegible] | [illegible] | [illegible] | [illegible] | [illegible] | 0 |
| | | その他収入 | 17,[illegible] | [illegible] | [illegible] | [illegible] | [illegible] | 2,900 |
| | | 計 | 818,800 | 1,058,500 | 353,900 | 442,000 | 814,200 | 466,900 |
| | 支出 | 買掛金現金支払 | 224,700 | 268,000 | 190,000 | 192,200 | 213,800 | 208,300 |
| | | 材料仕入 | 28,500 | 9,100 | 3,500 | 4,600 | 11,300 | 18,600 |
| | | 人件費 | 259,000 | 293,600 | 267,800 | 203,900 | 340,500 | 263,200 |
| | | 退職金 | [illegible] | [illegible] | [illegible] | [illegible] | 400 | 500 |
| | | 賞与 | [illegible] | [illegible] | [illegible] | [illegible] | | 600 |
| | | 諸経費 | 89,100 | 68,100 | 62,400 | 60,300 | 54,000 | 61,700 |
| | | 支払利息・割引料 | 3,900 | 3,400 | 4,100 | 1,600 | 5,500 | 3,200 |
| | | その他支払 | | | | | | 900 |
| | | 計 | 608,000 | 642,200 | 789,400 | 480,800 | 625,500 | 557,000 |
| | 支 | 過不足 | 210,800 | 416,300 | -435,500 | -38,800 | 188,700 | -90,100 |
| 決算関係 | 支出 | 税金支払 | 800 | 108,900 | 400 | 100 | 15,500 | 1,000 |
| | | 配当金支払 | | | 35,400 | 8,800 | | |
| | | 役員賞与・退職金等 | | | | 26,100 | | |
| | | 計 | 800 | 108,900 | 35,800 | 35,000 | 15,500 | 1,000 |
| | 営業CF計 | | 210,000 | 307,400 | -471,300 | -73,800 | 173,200 | -91,100 |
| 投資収支 | 収入 | 固定預金払戻 | | | | | | |
| | | 貸付金回収 | | | | | | |
| | | 資産の資金化 | 8,000 | 2,600 | 0 | 2,500 | | 1,200 |
| | | その他収入 | | | 100 | 100 | | |
| | | 計 | [illegible] | [illegible] | [illegible] | 2,600 | 0 | 1,200 |
| | 支出 | 固定預金預入 | [illegible] | [illegible] | [illegible] | | | |
| | | 設備投資 | [illegible] | [illegible] | [illegible] | 6,600 | 4,700 | 9,000 |
| | | 関係会社等融資 | [illegible] | [illegible] | [illegible] | | | |
| | | その他支払 | [illegible] | [illegible] | [illegible] | 500 | 500 | 500 |
| | | 計 | [illegible] | [illegible] | [illegible] | 7,100 | 5,200 | 9,500 |
| | 投資CF計 | | -294,2[illegible] | -10,700 | -12,600 | -4,500 | -5,200 | -8,300 |
| 財務収支 | 収入 | 借入金 | 300,[illegible] | | 290,000 | [illegible] | [illegible] | [illegible] |
| | | 受取手形割引 | | | | [illegible] | [illegible] | [illegible] |
| | | 計 | 300,[illegible] | 0 | 290,000 | [illegible] | [illegible] | [illegible] |
| | 支出 | 借入金返済 | 99,[illegible] | 107,900 | 49,800 | [illegible] | [illegible] | [illegible] |
| | | 計 | 99,[illegible] | 107,900 | 49,800 | 76,400 | 139,300 | 107,800 |
| | （借入金借換額） | | | | (1,161,000) | | | |
| | 財務CF計 | | 200,800 | -107,900 | 240,200 | -76,400 | -139,300 | -107,800 |
| CF合計 | | | 116,600 | 188,800 | [illegible] | [illegible] | [illegible] | -207,200 |
| 次月繰越預金残高 | | | 736,900 | 925,700 | [illegible] | [illegible] | [illegible] | 348,800 |

| | 4月 | 5月 | 6月 | 7月 | 8月 | 9月 |
|---|---|---|---|---|---|---|
| 固定性預金残高 | 20,000 | 20,0[illegible] | [illegible] | [illegible] | [illegible] | 20,000 |
| 借入金残高 | 2,444,400 | 2,336,500 | 2,576,700 | 2,500,300 | 2,361,000 | 2,253,200 |

過去月は「実績」、当該月は「見込」、翌月は「予定」、将来月は「計画」と表示する

縦軸に入金と支出の項目を記載する

定期預金などの固定性預金は通常の資金繰りに使えないので、手元資金残高とは区分する

手形借入の借換がある場合は該当月に金額を表示する

借入金残高を表示し、資金残高に比してどの程度あるかわかるようにしておく

収支内容の性質がわかるように「経常収支」、「決算関係」、「投資収支」、「財務収支」に区分して表示する

| 備　　考 |
| --- |
| ・期初残高は前期とほぼ同額 |
| |
| |
| |
| |
| |
| ・前期に比し消費税増額、前期は還付金等あり |
| |
| |
| ・前期は固定預金の解約があった。<br>・役員保険解約　50,300、養老保険　85,000 |
| |
| アジアインターネット社出資１千万円 |
| |
| |
| ・臨時返済：町田事業所解約敷金 40,000<br>・前期上期借入れの内１億９千万円は前々期支出分引越し等の補充<br>・今期 10 月　事務ｾﾝﾀｰ設備資金　９千万円借入れ |
| |
| |
| |
| |
| |
| |

前期と比較し差異を表示する。

有利差異を＋
不利差異を－
にて表示する。

収入が増えた場合は＋、減った場合は－表示。

支出が増えた場合は－、
減った場合は＋表示

備考欄に前期と比較してのトピックスを記載する

## 5-8 年次資金繰り表（例）

年間の金額を前期と当期の２期分を並べて表示する

（単位：千円）

| | | | 2021年度計（2021年4月～2022年3月） 前期 | 当期 | 差異 |
|---|---|---|---|---|---|
| 前月繰越預金残高 | | | 610,700 | 620,300 | 9,600 |
| 経常収支 | 収入 | 売掛金現金回収 | 7,836,400 | 7,920,400 | 84,000 |
| | | 受取手形期日回収 | 116,700 | 87,400 | △29,300 |
| | | 受取利息 | 1,400 | 400 | △1,000 |
| | | | 24,900 | 0 | △24,900 |
| | | その他収入 | 26,700 | 79,700 | 53,000 |
| | | 計 | 8,006,100 | 8,087,900 | 81,800 |
| | 支出 | 買掛金現金支払 | 2,707,200 | 2,654,300 | 52,900 |
| | | 材料仕入 | 129,700 | 140,700 | △11,000 |
| | | 人件費 | 3,178,100 | 3,229,100 | △51,000 |
| | | 退職金 | 40,100 | 7,300 | 32,800 |
| | | 賞与 | 533,800 | 544,800 | △11,000 |
| | | 諸経費 | 882,700 | 757,900 | 124,800 |
| | | 支払利息・割引料 | 45,100 | 40,400 | 4,700 |
| | | その他支払 | 0 | 1,200 | △1,200 |
| | | 計 | 7,516,700 | 7,375,700 | 141,000 |
| | 支過不足 | | 489,400 | 712,200 | 222,800 |
| 決算関係 | 支出 | 税金支払 | 197,000 | 227,800 | △30,800 |
| | | 配当金支払 | 0 | 44,200 | △44,200 |
| | | 役員賞与・退職金等 | 0 | 26,100 | △26,100 |
| | | 計 | 197,000 | 298,100 | △101,100 |
| | 営業CF計 | | 292,400 | 414,100 | 121,700 |
| 投資収支 | 収入 | 固定預金払戻 | 54,000 | 0 | △54,000 |
| | | 貸付金回収 | 5,200 | 10,000 | 4,800 |
| | | 資産の資金化 | 67,800 | 281,000 | 213,200 |
| | | その他収入 | 4,000 | 200 | △3,800 |
| | | 計 | 131,000 | 291,200 | 160,200 |
| | 支出 | 固定預金預入 | 0 | 0 | 0 |
| | | 設備投資 | 188,500 | 104,300 | 84,200 |
| | | 関係会社等融資 | 2,000 | 10,000 | △8,000 |
| | | その他支払 | 6,000 | 313,000 | △307,000 |
| | | 計 | 196,500 | 427,300 | △230,800 |
| | 投資CF計 | | -65,500 | -136,100 | △70,600 |
| 財務収支 | 収入 | 借入金 | 880,000 | 970,000 | 90,000 |
| | | 受取手形割引 | 0 | 0 | 0 |
| | | 計 | 880,000 | 970,000 | 90,000 |
| | 支出 | 借入金返済 | 1,097,300 | 1,329,400 | △232,100 |
| | | 計 | 1,097,300 | 1,329,400 | △232,100 |
| | （借入金借換額） | | (1,761,400) | (1,161,000) | |
| | 財務CF計 | | -217,300 | -359,400 | △142,100 |
| | CF合計 | | 9,600 | -81,400 | △91,000 |
| | 次月繰越預金残高 | | 620,300 | 538,900 | △81,400 |
| | | 固定性預金残高 | 20,000 | 20,000 | 0 |
| | | 借入金残高 | 2,243,600 | 1,884,200 | △359,400 |

※預金残高は固定性預金残高を除く。

※借入金の減は手元資金効率化の影響

## 年次資金繰り表

「年次資金繰り表」は、月次資金繰り表を1年間分まとめたものです。前期と当期を並べて2期の資金状況を比較します。そうすることによって、当期の資金繰りが前期と比べて良くなっているのかどうかがわかります。図5-8

また、中期計画（3年くらい）を作るときにも、月次資金繰り表ではなく年次資金繰り表にすると、各年度の比較がしやすくなります。

### ■「年次資金繰り表」作成のポイント

備考欄に、その年に発生した主な出来事を簡潔に記載し、状況がわかるようにしておきます。

第 6 章

# 黒字倒産を避ける「資金管理」のコツ

利益が出て黒字でも倒産することがあるのが、会社経営の難しいところです。また、銀行は採算管理よりも、資金管理ができる会社かどうかを気にしています。では、資金管理において大事なこととは何でしょうか。

27

# 黒字倒産とは

## 「儲かっているのにお金がない」状態はなぜ起きるか

利益がちゃんと上がって儲かっているのに、お金がない。こういう状態を「勘定合って銭足らず」と言います。損益計算上は利益が黒字なのに、手元の資金が不足してしまうという、理論と実際が一致しない状態です。

なぜそういったことが起こるのでしょうか。実は、この理屈を理解しないまま起業してしまうと大変なことになってしまいます。

このような状態が起こるのは、「損益」以外のことが大きく影響しているからです。会計でいえば、「貸借対照表勘定」を考慮する必要があります。

次の例でご説明します。

4月に売上10万円、費用7万円、利益3万円が計上されたとします。

6-1 「儲かっているのにお金がない」ケース

事例A

単位：千円

損益計算書

| | 4月 |
|---|---|
| 売上 | 100 |
| 費用 | 70 |
| **利益** | **30** |

キャッシュフロー

| | 5月 |
|---|---|
| 入金 | 100 |
| 支払 | 70 |
| **残高** | **30** |

事例B

損益計算書

| | 4月 |
|---|---|
| 売上 | 100 |
| 費用 | 70 |
| **利益** | **30** |

キャッシュフロー

| | 5月 | 6月 |
|---|---|---|
| 入金 | 30 | 70 |
| 支払 | 50 | 20 |
| **残高** | **△20** | **50** |

※消費税は考慮していません。

図6-1の「事例A」は、翌月に回収（売掛金）と支払（買掛金・未払金）があった場合です。この場合は何も問題がありません。

問題は「事例B」のように、支払が回収より先行する場合です。このような状態では資金手当が必要になりますが、その資金調達ができず、支払不能に陥っています。「勘定合って銭足らず」です。

詳しくは後でお話ししますが、**回収より支払が先行する取引条件は避けなければならず、もしあれば見直しが必要です。**取引条件が正常だったとしても、資金が不足する場面が現れます。家賃などの固定費は決まって毎月支出がありますが、これらの支払に回収代金が不足する場合です。

そうした**資金不足が生じないように、「株主からの出資」や「銀行からの借入」などで予め資金を用意しておく必要があります。**

資金手当がうまくできず、支払不能となって企業が経済的に行き詰まる状態が「倒産」です。

倒産を避けるためには、利益だけにとらわれず、貸借対照表勘定の「入金時期」や「支払時期」をうまくコントロールしなければなりません。それがしっかり行われていると、上手な資金繰りができていることになります。

## 融資を受けるのは簡単？

資金不足になるのを防ぐ手当として、一般的に行われるのが「銀行からの借入」です。創業したばかりで実績がなくても、各種の起業支援制度で借入できる場合があります。

事業の実績があって決算を経ていれば、赤字でない限り、借入はそんなに難しいことではありません。赤字の場合も、イノベーティブなビジネスで目利きのお墨付きを得られれば、融資が実行されることも珍しくはないでしょう。

しかし、ここで申し上げたいのは「どうか借入に頼らないでください」ということです。借入金はあくまでも「負債」だからです。借金はないに越したことはありません。昨今の銀行はお金が余っていて融資先を探すのが大変という傾向にあり、支店長決裁で済む金額であれば、スンナリと融資が実行されることもあるでしょう。そういうことから、ついつい借入に甘えても仕方のない環境ではあります。

融資を初めて受けるときはハードルが高く感じるものですが、「いざ実行してみると意外と簡単だった」という経験をお持ちの方もいらっしゃるはずです。しかし、経験済みの方はご存じの通り、借りるのは簡単でも、「借りた後」が大変なのです。

**黒字倒産の多くは、事業規模に合わない借入をしてしまったことが原因で起こります。まずは自助努力することを心がけ、借入はぜひ慎重に行ってください。**

## キャッシュはキング・オブ・キングス

「世の中を渡っていくのに一番大事なのは？」と問われたら、どう答えるでしょうか。家族や友達、あるいは愛、友情などと答えたら好感度アップは間違いないでしょう。

でも経営者なら、内心では「お金だ」と思っているはずです。モノの対価として人間が貨幣を発明して以来、古今東西においてお金が大事であることは真実です。夢も希望もないと思われても、会社経営においては、現実をしっかり理解することは重要です。

会社の社長にとって絶対に避けたいこと、避けなければいけないこと、それが倒産です。言い換えれば、「お金がなくなること」です。

黒字倒産については「逆もまた真なり」で、**どんなに多額の赤字でも、それが何年続いたとしても、お金があれば会社は倒産しません。**例えば赤字続きで、事業でお金を稼ぐことができなかったとしても、株主に入っている親族など親しい間柄の人から資金をいくらでも出してもらうことができたら、お金に困ることがないわけです。

倒産とは、多額の赤字に陥ったり、赤字が何年も続いた結果ではありません。もちろん、そういうことが要因になるのは確かですが、お金がある限り、会社は倒産しないのです。

# 28 入金管理と支払管理

## 「入金サイト」と「支払サイト」の見直し方

中小企業のなかには、「入金（売掛金）」と「支払（買掛金・未払金）」のサイト（決済期限）をしっかり管理していない会社が少なからず存在します。これを聞いてピンとこないという経営者は危険です。

さて、この入金サイトと支払サイトをどのように管理すればよいのでしょうか。大きく分けて、2つのパターンがあります。「自社の都合でサイトを決めている会社」と「取引先に合わせている会社」です。後者の場合、考えを改めた方がいいでしょう。

得意先からの入金（売掛金）については、サイトを自社の都合に合わせて変えてもらうことはなかなか難しいかもしれません。ビジネス取引上の優位的立場が、発注者である先方にあるからですね。

それでも、ダメ元でも交渉や相談をしてみてください。先方が自社を大事な取引先とみなしていれば、意外とサイト変更に応じてもらえるものです。

次に、**取引先の支払サイトについてです。得意先からの入金サイトより短い支払サイトを設けることは避けてください。**こういうことをすると資金不足の原因になります。

ただし、仕入先など当方が取引上有利な立場であっても、ビジネスマナーに反するような支払サイトを強要してはなりません。あくまでも〝協力してもらう姿勢〟を忘れないようにしましょう。両者に規模格差がある場合は、「下請代金支払遅延等防止法」という法令違反になる可能性がありますから、注意が必要です。

支払について取引先に協力してもらう方法としては、例えば得意先からの入金集中日から数日遅らせてもらうだけでも、資金繰り的にはとても助かります。

## 返済日をコントロールする

支払と入金のサイトについてお伝えしました。次は、返済日のちょっとしたテクニックについてです。

融資を受けるときには、「**金銭消費貸借契約書**」に調印して契約の締結を行います。

その書面には、毎月の返済日が記されます。この日付は、特別の事情がないかぎり「月末日」で大丈夫です。

ただし、その日が金融機関の休業日の場合、当該日の「前営業日」か「後営業日」を選択することになっていて、何も希望を伝えない場合は、自動的に「前営業日」が選択されます。そのほうが銀行にとっては回収が早くなるからです。

しかし、借りる側からすると「後営業日」の方がいいです。資金繰りに都合がいいだけでなく、「月末の資金残高」を少しでもよく見せることができるからです。また、他の営業取引の支払に余裕を持たせられることになります。細かいことかもしれませんが、資金繰りは小さなことの積み重ねが大事なので、こういうところにも気を遣いましょう。

次に「利払い」についてです。利息は１カ月単位で計算され、請求されますが、この支払にも「前払い」と「後払い」の二通りあります。例えば、４月分（４月１日〜30日）の利息を、前払いであれば３月31日に支払い、後払いであれば４月30日に支払います。これについては、**後払いを選択して融資を受けるようにしてください。**

また、前払いにおいては３カ月分を求められる場合があります。例えば、３月31日の支払は、４月１日〜６月30日分の利息になります。これは資金繰りに大きな負担を与えるので、絶対に避けてください。

どのような支払についても必要なことですが、相手任せにしないで、自社の意思を必ず反映させるクセをつけましょう。

## 必要な月末資金残高とは

「月末資金残高」はどの程度あればいいと思いますか？　業種や事業規模によりさまざまで、一概には言えないかもしれませんが、1つの目安があります。

私がお勧めしている月末の資金残高は、**最低でも「月間支払額か月商の1カ月分」**です。言い換えると、「翌月の支払分を前月に確保しておく」ということです。この残高を確保しておけば、何らかの事情により入金が大幅に落ち込んだとしても、その対策のために1カ月の猶予を確保することができます。

もちろん1カ月分以上、確保できるに越したことはありませんが、資金をあまりに多く持ちすぎれば、お金を眠らせて有効活用できていないことになります。資金繰り計画にあたっては、月末の資金残高が1カ月分確保できるように予定しましょう。

## 「臨時支払」はしない

中小企業のなかには、社員の立て替えた費用や、何か備品などの臨時購入で請求を受けたときに、即金で支払う会社があります。そうした臨時支払は、やめるべきです。計画性のない支払は、事務的な面倒を増やすだけでなく、資金繰りの手間を煩雑にすることにつながります。

例えば、営業担当者が出張し、飛行機や新幹線などの交通費を立て替えた場合、その社員はできるだけ早い精算を望むでしょう。これは当然の心理です。急に必要になった事務用品や備品類の立て替えにも、同じことが言えます。

こうした立て替え費用の精算にその都度、対応している場合は、ある一定期間にまとめて精算するようにしてください。現実的なところでは、1週間が妥当かと思います。例えば、毎週金曜日に締日を設けて、翌週火曜日に精算するといった具合です（営業日で中1日を設けるのは、経理部が精査集計する業務の日に充てるため）。

精算の支払は、必ず銀行振込で行いましょう。これは、会社に備えておく現金をできるだけ少なくするためです。現金が事務所にあれば、それだけ管理の事務が増えます。また、振込ならば「渡した」「もらっていない」といったトラブルの心配もなくなります。

取引先への支払も考え方は同じです。普段、取引している相手先なら、毎月の決まった日で締めて、まとめて支払うことになります。

しかし、通常取引をしていない業者の場合は、それに応じてくれないことがあります。そのようなときについ即金払いをしがちになりますが、このような場合も、できるだけまとめて支払うようにしてください。

お勧めしている方法が、五十日《ごとおび》（5日、10日、15日、20日、25日、末日）にまとめるというやり方です。これらの日を使って、月に3回だけ臨時支払をします。

10日締め→15日払い、20日締め→25日払い、末日締め→5日払いの3回というようにします。

## できるだけ会社払いにする

社員の立て替え払いの精算についてお伝えしましたが、この**「社員の立て替え払い」は、できるだけ止めた方がいい**のです。事務的に非効率という問題もありますが、不具合はそれだけではありません。というよりも、次に示す内容の方が問題と言えます。

昨今は、個人消費で各種のサービスリターンが得られます。例えば、クレジットカードを利用するたびに溜まるポイントや、航空会社が付与するマイレージなどです。

個人が消費してその見返りにサービスを受けるのであれば、まったく問題ありません。

しかし、会社の経費支出が個人のポイント加算に利用されると、おかしなことが生じます。

まず、社員間で「機会不平等」が生じます。交際費を多く使う役職者のクレジットカードのポイントが多く溜まったり、出張の多い営業担当者にマイレージが溜まることになるのです。そういう機会がない社員には不公平と感じられます。

私が知っている某会社の常務さんは、交際費を多く使う方でした。支払はいつも自分名義のクレジットカードでした。私は、交際費の支払に「法人カード」を作って、一括管理することを提案しました。

すると、その常務さんがすごい剣幕で反対したのです。表向きは、会社の事務が増えるとか、まともそうな理由を並べていました。

でも、その方が観念して事情を話してくれました。溜まったポイントを、奥様がどの商品に交換しようか楽しみにしているというのです。どうか法人カード導入をやめてほしいと、「懇願」されました。

一方、出張によるマイレージに関して、こんな話もありました。本社が東京にある某ソフト会社のＳＥ職の社員です。この社員は大阪在籍で、毎週東北に飛行機で出張し、そして週末になると自宅で過ごしていました。それを毎週繰り返していたのです。

それは何年も続き、今後も続くということでした。そこで私は、この部門の責任者に、出張ではなく駐在にすることを提案しました。

これも、いろいろな理由を言われて反対されました。先の常務さんの話と似ていますが、この社員の奥様は、溜まったマイレージで毎年家族旅行をするのが楽しみだったようです。

この2つの事例は当然、解消されました。交際費の多い常務さんも出張過多のSEさんも、ポイントやマイレージを貯めるために一生懸命会社の費用を使っていたのです。

**会社の経費がかさむほど社員にメリットがあるという仕組みは、絶対に避けなければいけません。**

# 29
# 資金管理にはルールが必要

## 「決裁権限規程」の作り方

これは少し大きめの会社規模の話になりますが、中小企業が大企業（上場企業）と比べて最も弱点となるのは、「コーポレートガバナンス」（企業統治）です。誤解を恐れずにいうと、それは、ワンマン社長が君臨し、物申す幹部や社員がいないというケースが多いからです。

たとえ会社の規模が小さくとも企業は〝社会の公器〟であることに変わりはなく、これをしっかり自覚することが、会社をより良くすることにつながります。

この**コーポレートガバナンスを定着させるためには、社長の「権限委譲」が必要になります。すべての権限を持っているというのは、一見、経営効率がよさそうですが、そうとも言えません。**

確かに、会社の事業が軌道に乗っているときは、判断を素早くすることでますます成長できるかもしれません。しかし、一人の判断がいつもうまくいくとは限らず、下降局面においても〝イケイケドンドン〟では、あっという間に会社存続の危機という事態に陥りかねません。

**権限委譲には「決裁権限」を役職者ごとに明確にし、まずはそれに則って進めることが大事です。**具体的には、「決裁権限規程」を作って、運用ルールなどを定めます（決済権限規程は、会社ごとに任意に作るものです）。図6-2 6-3

そして、規程の本則とは別に「決裁権限の一覧表」を作成します。図6-4

この決裁権限の一覧表は、役職を横軸に権限範囲を縦軸にしたマトリックス表にすると見やすくなり、便利です。社員が日常の業務を遂行する上で、自身の権限範囲内で進めていいものか、あるいは上席者の承認が必要な事案かを判断するのに重要です。よって、しっかりと作り込みましょう。

横軸に「権限者」（部長、本部長など）や「決裁機関」（幹部会、取締役会など）を設けます。縦軸には「権限の内容」を並べます。権限がどこに所属するか、権限の内容といったことを、印（例：●＝決裁者　□＝審議・報告）を付けてマトリックス表にします。

## 6-2 決裁権限表 目次（例）

株式会社 Gotanda

【2021年4月1日制定　第3版】

# 決裁権限表目次

Ⅰ．全社

1. 中長期経営計画および年度事業計画の策定に関する事項
2. 新規事業・新規出店・閉店・改装・企業重要事項に関する事項
3. 組織・制度・会議体に関する事項
4. 訴訟に関する事項
5. 監査法人・弁護士等への業務委嘱に関する事項
6. 人事・給与に関する事項
7. 社員教育研修に関する事項
8. 社員募集採用に関する事項
9. 出張等に関する事項
10. 時間外勤務・休日勤務の命令、振替休日・代休の指定に関する事項
11. 休暇の取得に関する事項
12. 関係諸団体の加入・会費支払いに関する事項
13. 接待交際・会議・会合参加に関する事項
14. 寄付に関する事項
15. 広告に関する事項
16. 社内の設備・機器・備品等に関する事項
17. リースの新規・更新・中途解約に関する事項
18. 設備・機器の保守に関する事項
19. 社員の福利厚生に関する事項
20. 不動産の賃貸・賃借に関する事項
21. 財産の取得・処分に関する事項
22. 借財に関する事項
23. その他経費の支出に関する事項

Ⅱ．事業部関係

1. 得意先との取引・契約に関する事項
2. 請求・売上に関する事項
3. 仕入先への発注に関する事項
4. 支払条件の変更に関する事項

## 6-3 決裁権限規程（抜粋）

株式会社 Gotanda

# 第　1　章　総　則

（目 的）

第　1　条　この規程は、各職位の職務遂行における決裁権限を明確にしその責任体制を確立することにより業務の円滑かつ効率的な運営をはかることを目的とする。

（用語の定義）

第　2　条　この規程における用語の定義は、次の各号に定めるところによる。

⑴職　位……組織規程に定める職位をいう。

⑵職　務……組織規程に定める職務をいう。

⑶権　限……各職位が職務を遂行するにあたって実行し得る限界、範囲をいう。

⑷決　裁……権限保有者がその責任において業務実行可否を決定することをいう。

（基本姿勢）

第　3　条　各職位は、会社の発展をはかる為、各自の責任において、各々の上司が設定する目標を完遂しなければならない。また、自らが決裁した業務については、会社に対し直接かつ全面的な責任を負う。

（命令系統の統一）

第　4　条　各職位は、職務権限の行使にあたり、指揮命令系統を遵守し、正当な理由がなくその職位の職務および権限の限界を逸脱してはならない。

（権限委譲）

第　5　条　業務上必要がある場合は、上司の許可を得て、下級職位に権限を代行させることができる。

（権限の代理）

第　6　条　権限を行使すべきものが欠員、不在もしくは事故によってその権限を行使することができない場合は、直属上司がその職務を代理する。

（責任の帰属）

第　7　条　各職位は、自己の権限行使または不行使の結果について責任を負わなければならない。

2）各職位は、他の職位から権限の委譲を受けた場合または他の職位の権限を代理する場合は、その権限の行使または不行使の結果について、責任を負わなければならない。

3）権限の委譲者は、被委譲者の権限行使または不行使の結果について、監督の責任を負わなければならない。

## 6-4 決裁権限一覧表（抜粋）

【2021年4月1日制定 第3版】

●決裁権者　□報告・審議

単位：円

| 業務名 | 決裁権者 | | | | | | |
|---|---|---|---|---|---|---|---|
| | 稟議不要決裁 | | | 稟議要決裁 | | | |
| | 課長 | 部長 | 事業部長<br>本社部長 | 財務<br>本部長 | 社長 | 幹部会 | 取締役会 |
| **23．その他経費の支出に関する事項（仮払金・消耗品・レンタル等の出金等）**<br>**【稟議不要決裁は支払依頼書、会計伝票等による申請を要す】** | | | | | | | |
| 水道光熱費及び電話代の支払 | | | ● | | | | |
| 消耗品・レンタル等 | | | | | | | |
| 10万円以上 | | | | □ | ● | | |
| 5万円以上10万円未満 | | | | ● | □ | | |
| 5万円未満 | | | ● | ● | ● | | |
| 3万円未満 | | ● | | | | | |
| 1万円未満 | ● | | | | | | |
| 仮払金の出金 | | | | | | | |
| 出張目的（海外） | | | | ● | □ | | |
| 上記以外 | | ●<br>5万未満 | ●<br>10万未満 | ●<br>10万以上 | □<br>10万以上 | | |
| 書籍購入費用/1件 | | | ●<br>1万未満 | ● | ● | | |
| 新聞・雑誌の定期購読 | | | | | | | |
| 1年以内の契約・年度更新/1件 | | | | □ | ● | | |
| 複数年契約/1件 | | | | □ | ● | | |

## 「稟議規程」を整えておく

決裁権限規程を実際に運用するには、「稟議規程」を整える必要があります。図6-5 権限者や決定機関の会議によらないで、承認をもらうために行う手続きが「稟議」です。

この稟議規程は、業種や会社の規模を問わず似ているものが多いので、一般的なひな型を利用すればこと足りるでしょう。

## 資金管理者を置く

一般の会社でいうと「資金管理者」は経理部ということになるかと思います。しかし、ちゃんと機能しているでしょうか（もしあなたが経営者であれば、「ちゃんと機能させているでしょうか」）。

経理部、あるいはそれに似たような名称の部門を組織上に置いているからといって、「資金管理者」を置いていることにはなりません。**大事なのは、「費用を使った人とは別の人が、その支出内容をちゃんと見えるようにしているか」ということ**です。

## 6-5 稟議規程（抜粋）

株式会社 Gotanda

# 第 1 章　総則

（目 的）

第1条　この規程は、決裁権限規程に基づく稟議事項ならびに稟議処理手続を定め、業務処理の適確化と経営効率の向上をはかることを目的とする。

（定 義）

第2条　この規程でいう稟議とは、起案部署の各担当者が所管事項または受命事項の業務処理に際して決裁権限をこえる重要事項について、これを実施に移す前に事前に決裁を求めることをいう。

（稟議事項および決裁者）

第3条　稟議事項は決裁権限規程の別表にて定める。

稟議決裁は稟議事項により、代表取締役の決裁を要する稟議（甲稟議）、起案部署直属の本部長又は本社部長の承諾を受けた上で管理本部長の決裁を要する稟議（乙稟議）、本部長の決裁を要する稟議（丙稟議）とに区分する。

なお、乙稟議においては、稟議案件の可否についての決定は起案部署の本部長又は本社部長が行うものとし、決裁を行う管理本部長は所管の事項に対してのみ責任を負うものとする。

2）相互に関連する稟議事項は、原則として、一括稟議するものとし、分割実施を理由に個々に起案してはならない。但し、やむを得ない事由により分割稟議するときは、その旨を明示して、決裁者の判断に資するものとする。

# 第 2 章　稟議手続

（稟議書の起案）

第4条　稟議書の起案は、審議内容が十分検討できるよう次の事項を明記し、決裁権限規程による起案部署において起案する。

(1) 目的
(2) 理由
(3) 経過、経緯
(4) 方法
(5) 時期
(6) 期待効果
(7) 費用（損益額・資金額）
(8) その他特記事項

一般社員の経費支出の内容は、経理部がしっかり見て管理している、という会社が多いことでしょう。問題は、「会社トップの社長や経営幹部が支出する経費の内容を、第三者がチェックする環境になっているか」ということです。

中小企業によくあることですが、社長や経営幹部の支出する経費については〝機密事項〟が含まれているからといった理由で、チェックの対象外にされたりします。機密事項といっても、実際は大した内容でないことが多いのが実態です。要するに、「接待といいながら単なる遊興費でしょ」というようなものです。

このような支出は、第三者の目にとまることによって、自然となくなっていきます。だからそういった仕組みを作っておくことが必要なのです。

## 社長のあるべき私生活とは

会社のトップは社長ですが、会社規模や業績によって社長のステイタスは異なり、それに見合った生活をするものです。

しかしながら、それについて理解していない社長がたまにいます。業界による特徴もあるので一概には言えませんが、逆に、特定の業界にはそういう社長を見かける機会が多くあります。

具体的にいうと、「会社は自分のもの」という考えをもった方です。こういう思考の社長はいわゆる〝浪費家〟で、経営者として反省が必要です。そのような社長の会社には内部留保が貯まらず、財務体質がよくならないことは、容易に想像できるでしょう。

私が実際にお会いした〝反省が必要な社長〟の特徴を挙げてみます（あくまでも傾向なので、これに当てはまる方が必ずしもいけないというわけではありません）。

・超高級マンションに住んでいる

セレブが住むような「超」の付く高級なマンションを社宅にしています。

見栄が強すぎると、正しい経営判断をするのに支障をきたします。

・派手な高級外車に乗っている

所有するにとどまらず、運転手を社員で雇っている社長もいます。

設備投資も人件費も、優先順位を間違ってはいけません。

・年に複数回、長期海外旅行をしている

替えがきかない会社トップが国内に長期不在とは困りものです。

しかも、多くが会社の出張費にしています。

・ファッションがブランド物で覆われている社長
「ブランド品が大好き」と思われるような衣服や宝飾品で身を包むのは避けましょう。
・個人のクレジットカードがプラチナ色以上の社長
カードの色を競っている社長さんがいますが、競うべきは事業の内容です。

ファッションについては、業界により特徴がありさまざまですが、銀行員に会うときやフォーマルな場所へ出かけるときは気をつけたいものです。

第7章

# 「返済猶予交渉」という最終手段

返済の約束を変更することは、できることなら避けたいところですが、やむを得ないときはまず、メインバンクに相談しましょう。話しづらいことですが、問題が大きくならないうちに相談することをお勧めします。

# 30 返済猶予交渉とは何か

## 借金を苦にしてはいけない

中小企業の社長は常に資金繰りに悩まされています。「頭の中は資金繰りのことで8割ぐらい」と言う社長もいらっしゃいます。企業の事情により程度はさまざまでしょうが、経営に関する悩みの半分以上は資金繰りという人が多いようです。

縁起のいい話題ではないのですが、ひとつ話をさせてください。借金苦で自らの命を絶つ経営者もいます。皆さんはどのくらいの額の借金でそういうことに追い込まれると思いますか？　私がこの質問をすると、多くの方は「数千万円」とお答えになります。

この数字について公のデータはありません。しかし、事業再生業界の弁護士から聞いた話によると、３百万円くらいだそうです。多くの人が、「えっ、たったのそのくらいで？」と思われるはずです。命の値段がそんなに安くていいはずがないと。本当にそのとおりだと思います。

といっても、これは金額がいくらであれば、という問題ではありません。たとえ何億円であろうと、借金を苦にして命を絶ってはいけないのです。

お金の話は人に相談しづらいものです。しかし、どうぞひとりで悩まず、まずは誰かに相談する勇気を持ってください。借金を苦にしてはいけないとご理解のうえ、これからの話をお聞きください。

## 約束を守れないときもある

私の知るかぎり、中小企業の社長の多くは生真面目で、約束したことは必ず守るという気概の人たちが多くいます。銀行への返済を滞らせることなど、微塵《みじん》も考えていません。

また、多くの借入契約は「連帯保証」を取らされています。返済できないと私財を取り上げられてしまうという恐怖の念が強く浮かんでくると、さらに約束を守ろうという気持ちになります。

普段から経営をしっかり行い、資金管理をしていたとしても、資金繰りが危機に陥ることはあります。コロナ禍もそうだと言えますが、自社の努力では防ぐことができない、想定を超えた社会情勢の変化や、おもな取引先の急速な業績下降などにより、大打撃を被るというケースです。

そういう緊急事態になると、資金繰りは突如として悪化の途をたどり、あっという間にお金がなくなってしまいます。そのときに一番困るのが、銀行への返済資金が不足してしまうことです。

そうなると、経営者はなんとしても返済資金を確保するために無理をしようとし、中には、従業員の給与を下げてまで返済資金を捻出しようとする経営者もいます。

しかし、従業員に資金繰り悪化のシワ寄せをしてしまうと就労意欲を低下させてしまいます。これでは、業績を回復させるどころか、悪循環に陥りますます経営を悪くさせ、資金繰りにも悪影響が及んでしまいます。

借入の契約を守れるに越したことはありませんが、どうしてもそれが叶わない場合には、銀行に頭を下げてお願いするしかありません。契約を変更することもできるのです。

銀行との借入契約の返済条件を緩やかに変えることができれば、資金繰りはいっきに楽になります。というより、ラクになるような返済条件に変えるべきなのです。

# 31 返済猶予交渉はどのように進めるのか

## 「リスケ」の手順

借入契約の返済をゆるやかな条件に変えることを「リスケジュール（通称：リスケ）」といいます。

通常、次のような流れで進んでいきます。

### 1 メインバンクや主な取引銀行への事前相談を行う

まず、メインバンクや主な取引銀行に、返済条件をゆるやかにしたい旨を相談します。銀行担当者にとって、返済遅延は人事評価において大きな減点材料です。よって、銀行はあらゆることを並べたててそれを阻止しようとします。

例えば、不動産の売却（事業に必要であったとしても）や当行の融資は季節資金（賞与資金など）であるから他行の融資より返済が優先されるべきであるとか、あるいは、メインバンクのみが返済猶予に応じて、支援責任の低い下位行である当行は返済猶予対象から外すべきであるなど。しかし、そこでくじけてはいけません。〝ない袖は振れない〟のです。

## 2　取引銀行へ「借入返済条件変更」依頼の通知を出す

全部の取引銀行へ返済条件変更を依頼する通知書を一斉に発送します。

これは、できるだけ早く伝えるために、通知書をＰＤＦにして添付したＥメールがいいでしょう。銀行の中にはＥメールを使えないところもあるので、その場合はＦＡＸか郵送となります。

## 3　バンクミーティングを開催する

すべての取引銀行に集まってもらい、各種改善計画の説明をします。返済条件を変更してもらうにあたり、どのように経営を改善するかを説明するのです。これを一般的に「バンクミーティング」と言います。

バンクミーティングでは、次のようなことを議題として取りあげます。

- 元金はいくらなら返せるか
- 金利はいくらにしてほしいか
- 通常返済にはいつごろになったら戻せるか
- 資産の処分や経費削減により、資金繰り改善をどのようにやっていくか

なお、このバンクミーティングの開催頻度は当初は3カ月に1度行いますが、状況によって半年に1度に減らしていっても大丈夫です。

32

# いつ返済猶予を申し入れるべきか

## まず頼るのはメインバンク

それでは、どのようなタイミングで借入契約の返済条件変更を判断すればいいのでしょうか。約束どおりに返済できない――こういう類いの話は、親友はおろか家族にも話しづらく、ひとりで悩み続けてどうしようもなくなってから露呈したりします。

しかし、トラブルへの対処は遅れれば遅れるほど問題が深まり、次第に解決策は限られ、解決への道が遠のいてしまいます。

こうした問題が生じたときにまず相談するのが、メインバンクです。メインバンクはそのときのために存在するともいえます。そのためにも日頃のおつきあいが重要であることは、すでにお話ししたとおりです。メインバンクは法的な責務はないものの、そういう自覚を持っています。また、他の取引銀行もそういう目で見ています。

そういうことから、メインバンクにはできるだけ早く状況を共有し相談に乗ってもらうことが肝要です。企業の社長からすると初めての経験でも、銀行からすると慣れたもので、事例に事欠くことはありません。

ある会社は、多額の借入金により大型設備投資を行いました。しかし事業が軌道にのらず、投資は回収できず、借入金の返済が段々と負担になって資金繰りが悪化しました。また、不幸なことに、メインバンクと言えるつきあいの取引銀行がありませんでした。社長は返済が困難であることをどこにも相談できないまま、しかも、あろうことか返済資金を新規金融機関からの借入により賄《まかな》っていました。

その会社が取引している銀行から、私のもとに相談がありました。融資を審査しているが、その会社は資料を整えられていないので、相談に乗ってあげてほしいとのことでした。

調べたところ、その会社は大幅赤字が何カ月も続き、実質、債務超過状態で、その解消が見込めませんでした。そこで私が提案したのは、借入金の調達ではなく返済猶予です。その銀行の支店長も事態をすぐ理解して、「もうアレ（リスケ）しかないよね」とおっしゃいました。

結局、その会社は返済猶予を取引銀行に申し出て進めることになったのですが、メインバンクという頼れる取引銀行が存在していれば、話はもっとスムーズに進んだはずです。

また、**リスケのような話はできるだけ突然の報告を避けたいものです。将来に返済資金が不足することが予見された時点でメインバンクに必ず相談してください。**

時間があればあるほど、リスケのスキームがうまくいきます。そのため、**普段から資金繰り状況をメインバンクと共有しておくことが大切**になります。そうしていると、こちらからリスケの話を出さなくてもメインバンクの方から提案を受けることもあります。

## リスケの申し出にあたって注意すべきこと

メインバンクが返済猶予に理解を示せば、ほぼスキームが決まったも同然です。銀行は横並び体質の文化があり、他行の動向に足並みを合わせてきます。自分のところだけが、異なった行動をとることを嫌いますし、ましてや足を引っ張るようなことは避けます。

それでも、なかには風変わりな銀行はあり、慣れていない中小企業社長をだますようなことを言ってきたりします。会社が「違約金利」や「追加担保」に応じられないことを理解しており、また、取引銀行には一律対応が原則であることを承知していても、です。

例えば、このようなことが実際にありました。

「当行だけ違約金利に応じてほしい」「融資の際、数カ月後に定期預金を行うという約束をしていたので、それをいま実行してほしい」といったことを、他行に言わなければわからないですよと、巧妙に話してきたのです。

決算書を見れば、他行にもいつかはわかりますし、後者においては「歩《ぶ》積《づ》み両《りょう》建《だ》て」といって、融資する側の優位的立場を利用した違法行為になります。

これらを拒むと、「会社がダメなら、社長個人で定期預金を入れてください。それなら、他行に言わない限りわからないでしょう」と言ってきました。もちろん、私が知っている会社はお断りしましたが、皆さんも用心して、だまされないようにしてください。

また、銀行員個人の都合をかぶせてくる担当者もいます。

リスケの申し出を頑なに拒む銀行の人がいました。役職は次長職で、リスケ対象の融資を実行したラインの当事者です。対象の会社はメインバンクがなく、リスケを主導する銀行がないというのも厄介な状況でしたが、その１つの銀行以外はほぼ協力的でした。

その銀行だけが前向きでなく、対案として「リスケ開始時期を半年後にする」という条件を要求してきました。しかし、会社の資金繰りの状況からして、半年間も待てなかったので、結局は当初の案どおり、翌月から返済猶予開始となりました。

このリスケに拒否反応を示した次長の理由が、後日わかることとなります。その人は数カ月後に、他店へ支店長として転勤していきました。この次長は、大事な支店長昇格という人事異動を控えていたのです。個人の成績にキズが付くと、昇格人事に悪影響を受ける可能性があり、リスケのスタート時期を遅らせたかったわけです。

このように、取引先である企業のことよりも自分の都合を優先する銀行員が存在するのは困ったものです。

話を元に戻すと、返済猶予は「メインバンク」の理解を得ることができたら、「準メイン行」「中位行」「下位行」へと順次説明していきます。事情を丁寧に説明し、誠意をもって説得すれば、必ず同意してもらえ支援を受けることができるはずです。

# 33 「返済猶予依頼通知書」作成のポイント

## 返済猶予依頼通知書の作り方

さて、取引銀行への事前調整が終わったら、次は正式に返済猶予を依頼する手続きを行います。そこで必要となる「返済猶予依頼通知書」の作り方をご説明します。図7-1

■「返済猶予依頼通知書」作成のポイント

・**宛先**　個別の銀行名宛てではなく、「お取引金融機関御中」とします。すべての取引銀行に同じ書面を送っていることが肝心です。

・**発信者**　代表者名とし、法人の実印を押印します。

・**内容**　依頼の文章は１枚目にまとめ、支援協力内容を２枚目にまとめます。

１枚目では、今回の支援依頼をするまでに、会社としてどのような経営努力をしてきたかを説明します。また、依頼する支援の内容をかいつまんで記載します。例えば、元金返済は「完全据置か、減額か」と、「対象期間」を記載します。

なお、元金の金利の減免は銀行にとってかなりハードルが高いので、こちらはよほどでない限り協力してもらうことは難しいと覚えておいてください。銀行にとって、金利は収益の源だからです。

２枚目で「契約不履行の違約金利」や「追加担保提供に応じられないこと」を伝えます。

この依頼通知書は、銀行担当者が稟議を起案する際の書類に添付するので、支援協力依頼内容がすべて記載されていることが必要です。

なお、通知書は草稿の段階でメインバンクに内容をチェックしてもらいましょう。他の取引銀行も、メインバンクが内容を承知しているとなれば安心します。

## 7-1 返済猶予依頼通知書（例）

令和３年７月１日

お取引金融機関 御中

株式会社 Gotanda
代表取締役　品川 一郎　印

### コロナ禍緊急ご支援のお願い

謹啓

お取引金融機関様におかれましては、益々ご清栄の事とお慶び申し上げます。

コロナ禍による経済活動縮小により何かとご心配をおかけしており、深くお詫び申し上げます。

さて、お取引金融機関様のご支援により不採算事業の撤退や収益事業の更なる効率化等によりお陰さまで会社業績を回復させてまいりました。併せて資本政策により財務体質の強化を図り会社の再建を推進させております。

そういう時期に今般のコロナ禍が起こり、経済に大打撃を与えることとなりました。特に当社が属する観光業界は他業界に比してより影響を受けております。

現行の約定返済については、契約の途中で反故にしてしまうと、ご迷惑と混乱を招くことから契約履行に努めてまいりました。しかしながら、コロナ禍の影響がまだまだ続き終息が予測できない状況において、元金返済ご猶予のご支援をお願いせざるを得ないとの判断に至っております。

事業継続に必要な買掛金決済や従業員給与支払を優先させて頂き、誠に勝手ながら、**借入金元金返済月額を据置にてお願い申し上げます。期間は、令和３年７月末日～令和４年６月末日までの１年の期間とさせて頂きたく存じます。**

その期間において、各種施策により事業の継続に努めてまいります。なお、お取引金融機関様への対応や経営施策については、皆様のご指導を仰ぎながら進める所存であります。

最後にお取引金融機関様には大変ご迷惑をおかけしますことを、重ねて心からお詫び申し上げるとともに、別紙のとおりのお願いにつきまして、ご高配賜りますようお願い申し上げます。

謹白

# 34 バンクミーティングの開催方法

## なぜバンクミーティングが必要なのか

返済猶予の事前相談を行い、お願いの通知を出したら、次はバンクミーティングを開催します。相談も書類提出も行ったうえに、なぜこの会を開催しなくてはいけないのでしょうか。それは銀行の横並び体質という文化によるところが大きいと言えます。

会社の話すことや提出資料が、取引銀行によって異なってはいけないのです。また、ある銀行だけが重要な情報を先んじて得ることも許されません。

取引銀行が一堂に会せば、他行の反応を直接、生で知ることができます。銀行の反応について、会社は自社に都合の良い内容に変えて他行へ伝えることはできません。

そういうことから、返済猶予を取引銀行に依頼する場合は、バンクミーティングは必ず開催しなくてはいけないのです。

バンクミーティング開催についても、通知書を作成します。図7-2

銀行に動いてもらうにはすべてエビデンスが必要なのです。

## ■「バンクミーティング開催通知書」作成のポイント

- **通知書の表題**　「当社現況説明会の開催について」とします。
- **本文**　表題もそうですが、本文でも、バンクミーティングや返済猶予のお願いなどの事情が知れるような文言は一切記載しません。社員の目にとまると、会社が窮状にさらされていることが知れて離職につながり兼ねないからです。また、社員の口から取引先に知れると、事業の継続に悪影響を与えることになります。よって、バンクミーティングは世間に知られないように、秘密裡に開催することになります。そのため貸会議室など社外の施設を利用し、自社施設では行いません。その会議室の案内板にも、どのような集まりかが第三者に知られないように、主催の企業名のみを掲示します。
- **別紙**　通知書の別紙として「出欠票」を付けます。出欠票には、参加者の役職と氏名を記載してもらいます。当日どのようなメンバーが参加したかを知らせる名簿を作成するためです。

令和３年　　月　　日
株式会社 Gotanda
品川一郎　宛
FAX：03-****-****

（株）Gotanda 説明会 出欠票

ご出席　・　ご欠席

貴金融機関名：

出席者ご役職：
出席者ご氏名：

出席者ご役職：
出席者ご氏名：

出席者ご役職：
出席者ご氏名：

大変恐縮ではありますが、ご出欠については、
令和３年７月 14 日までにご回答を頂戴できますと幸いに存じます。

## 7-2 バンクミーティング 開催通知書（例）

令和３年７月８日

お取引金融機関 御中

株式会社 Gotanda
代表取締役 品川 一郎

TEL：03-＊＊＊＊-＊＊＊＊
FAX：03-＊＊＊＊-＊＊＊＊
e-mail:info@gotanda.＊com

### 当社現況説明会の開催について

お取引金融機関様におかれましては、益々ご清栄の事とお慶び申し上げます。また、この度は多大なるご迷惑をおかけした事に対し深くお詫び申し上げます。

当社現況説明会につき、下記の日時、場所にて開催致しますので、ご多忙の折恐縮ではございますが、何卒ご出席の程お願い申し上げます。

当日は、当社の状況について説明させていただき、合わせて、今後の計画を提示させていただく予定です。

**大変お手数ではございますが、別紙にてご参加の有無並びに参加者名等をご記入の上、令和３年７月14日までにメール添付またはFAX送付をいただきたく存じます。**

**参加予定者の氏名等が上記締日までに確定できない場合には、人数のみ記入いただき、確定した段階でお知らせいただきますようお願い申し上げます。**

記

日時：令和３年７月16日（金）13時30分（午後1:30）より
場所：品川貸会議室 1105会議室
住所：東京都品川区五反田４－３－21
会場では「株式会社 Gotanda」でご案内しております。

以上

## バンクミーティング当日に必要な資料

次に、バンクミーティング当日の議題や配付資料についてお伝えします。

### 1　本日のアジェンダ

バンクミーティングの参加者が「どのような議事内容が用意されているか」がわかるように、アジェンダを用意します。これは各参加者が銀行に持ち帰って報告する際にとても便利な資料となります。図7-3

### 2　参加者名簿

参加した銀行員の役職や氏名を記載した名簿を配布します。これも各銀行が他行の様子を知るのに有効です。参加者の役職や人数により、その銀行の姿勢を推測することができるのです。図7-4

### 3　前期業績

会社の直近期の業績を説明します。前期決算が締まった後であれば、前年度の状況を説明します。年度の途中であれば、四半期ごとに最新期の数字を示して状況を説明します。

### 4 今期業績計画

現在進行している今期の計画を示し説明します。前期など終わった期については実績を報告するのみですが、未経過の期については各種対策を反映した数値になるので、収入や費用が前期より改善されていることが求められます。

### 5 部門別損益状況

全体の数字だけではなく、その数字の根拠である積み上げの部門別数字を示すことによって、信ぴょう性が増します。また、商品などのブランド別に数字を示すことができれば、なお説得力のある資料となります。

### 6 資金繰り状況

「資金繰り表」や「各銀行との取引状況」を説明します。
資金繰りの実績と今後の計画は、銀行が支援をするうえで一番関心を持つ内容です。

ちなみに、資金繰りにかなり余裕があるようだと、返済猶予という支援が不要ということになります。

また、返済猶予をしても資金繰りが改善されず、資金破綻により倒産の可能性が高いと見られれば、銀行は支援ができません。倒産するのであれば、早く債権（融資）を回収したほうが、被害が少なくて済むからです。

## 7　再建施策進捗状況

再建施策の概要や進捗を説明します。業績を悪化させるきっかけが外部要因だったとしても、自社に個別で発生している悪化原因が必ずあります。それらを理解し、おのおのの対策方法を示してタイムスケジュールを説明します。

例えば、不採算部門の閉鎖や縮小であったり、市場からの撤退などが挙げられます。場合によっては組織改編も必要です。コーポレートガバナンスが確立されていないのが、根底原因であれば、それを改善することも必要でしょう。

各施策の進捗状況はタスクシートを作成して管理します。これは、バンクミーティングを開催したときの説明にも使います。

## 7-3 バンクミーティング アジェンダ（例）

### 本日のアジェンダ

【(株) Gotanda 現況説明会（第1回）】

期 日：2021年7月16日 13:30 ～
場 所：品川貸会議室

0．本日の参加者
- **資料：参加者名簿**

1．前期業績
- 2021年3月期
- **資料：対前期比比較表、残高試算表（年間推移、2020年4月～2021年3月）**

2．今期業績計画
- 2022年3月期
- **資料：今期業績見込み・損益計画（2022年3月期）**

3．部門別損益状況
- **資料：PL（部門別・月別）（2021年4月～6月）**

4．資金繰り状況
- **資料：借入金残高一覧、銀行別預金残高表、日次資金繰り表（2021年4月～6月）、月次資金繰り表（2021年4月～2022年3月）**

5．再生施策進捗状況
- **資料：不採算部門改善計画（閉鎖及び縮小）**
- 組織改編（新組織について）：経営監査室新設、事業別責任者選任
- 予算統制導入（経営トップを含む予算管理）
- 稟議制度導入（経営トップを含む行動と支出を管理）
- 月次決算実施（期間損益をタイムリーに把握）
- 経費削減案（主要施策外の施策）
- 会議体の整理（予算管理・名称・参加者・開催頻度）
- 決裁権限規定制定
- バンクMTG定期開催（今後3カ月毎に開催）
- 増収施策：新規得意先開拓
- タスクシート作成・管理（課題リストアップ、対策日程）
- **資料：タスクシート**

以上

## 7-4 バンクミーティング 参加者名簿（例）

### （株）Gotanda 現況説明会　参加者名簿

2021/7/16

1．お取引金融機関　様

（順不同・敬称略）

| | 金融機関名 | 取引店名 | ご役職 | お名前 | ご役職 | お名前 | 計（名様） |
|---|---|---|---|---|---|---|---|
| 1 | 大倉銀行 | 東京中央エリア | グループ長 | 三友展生 | | | 1 |
| 2 | 鳴門銀行 | 蒲田支店 | 次長 | 池田山直子 | | | 1 |
| 3 | 東京信用組合 | 目黒支店 | 渉外課長 | 大森原誠 | | | 1 |
| 4 | 高崎銀行 | 四谷支店 | 支店長代理 | 赤羽健二朗 | 支店長代理 | 蒲田幹央 | 2 |
| 5 | 東関東銀行 | 下北沢支店 | 副支店長 | 五島喜一 | | | 1 |
| 6 | 北国銀行 | 東京支店 | 主任 | 香川浩志 | | | 1 |
| 7 | 千十三銀行 | 新宿支店 | 次長 | 織田浩一郎 | | | 1 |
| 8 | 稲城長沼信用金庫 | 多摩支店 | ご欠席 | | | | |
| 9 | きぼう銀行 | 新橋支店 | マネージャー | 葉山邦彦 | ご担当 | 逗子まち子 | 2 |
| 10 | 房総銀行 | 新宿支店 | 次長 | 磯子和弘 | | | 1 |
| 11 | | | | | | | |
| 12 | | | | | | | |
| 13 | | | | | | | |
| 14 | | | | | | | |
| 15 | | | | | | | |
| 16 | | | | | | | |
| 17 | | | | | | | |
| 18 | | | | | | | |
| 19 | | | | | | | |
| | | | | | | 合計 | 11 |

2．当社

代表取締役　品川　一郎
CFO　高輪　吏紗　計２名

## バンクミーティングの進め方

最後に、バンクミーティング当日の進め方についてお話しします。

開催場所は先述の通り、社外の施設を借り、会場の案内板は会社名のみか「○○社説明会」と表示して、開催内容が第三者からわからないようにします。

入口を入ってすぐの場所にテーブルを設置し、当日使用する資料と飲み物（ペットボトル）の人数分と予備を置きます。参加者に各自取ってもらい配付する時間を節約します。

会場のテーブル配置方法は、スクール形式とします。図7-5

ハンドマイクは会社側に1つか2つ、参加者側は人数に合わせて複数用意します。

参加者の着席場所は、メインバンク担当者に前方に座ってもらった方が心強いのであれば、銀行名を記載したプレートを予めテーブルに設置します。その必要がないのであれば、手間を省くために自由着席とします。

議事進行は用意したアジェンダに従って進めます。

まずは、会社代表である社長が、取引銀行に迷惑をかけていることに対してお詫びの挨拶をします。このバンクミーティングの一番の目的は、会社側の誠意を示すことですから、言葉を選び真摯に話してください。

念のためですが、服装は上着とネクタイを着用してください。普段の仕事着でも大丈夫ですが、ブランド品に身を固めることは絶対にしないでください。

事実、イタリアの高級服に身を包み、大きなブランド時計を付けてきた社長がいます。こういう身なりでは、どんなに立派な言葉を発しても信用されないのは言うまでもありません。

また、遅刻も絶対にダメです。当日、定刻になっても現れない社長がいました。携帯電話がつながらず、先に会場入りしている関係者が冷や汗ものだっただけでなく、待たされている取引銀行参加者の心証は悪くなるばかりです。ちなみにその社長は、直前になってビビってしまい、来るのが怖くなったそうです。

時間配分は、会社側の説明に30分、質疑応答に30分とし、合計1時間くらいが妥当です。長くても1時間半くらいにしてください。銀行担当者も忙しい業務の中で参加しているので、長時間は迷惑をかけることになります。

中には、空気を読まずに質問を繰り返す銀行担当者もいますが、そのようなときは貸会議室の時間がないことを理由に、閉会に同意してもらいましょう。

## 7-5 バンクミーティング 会場設置図

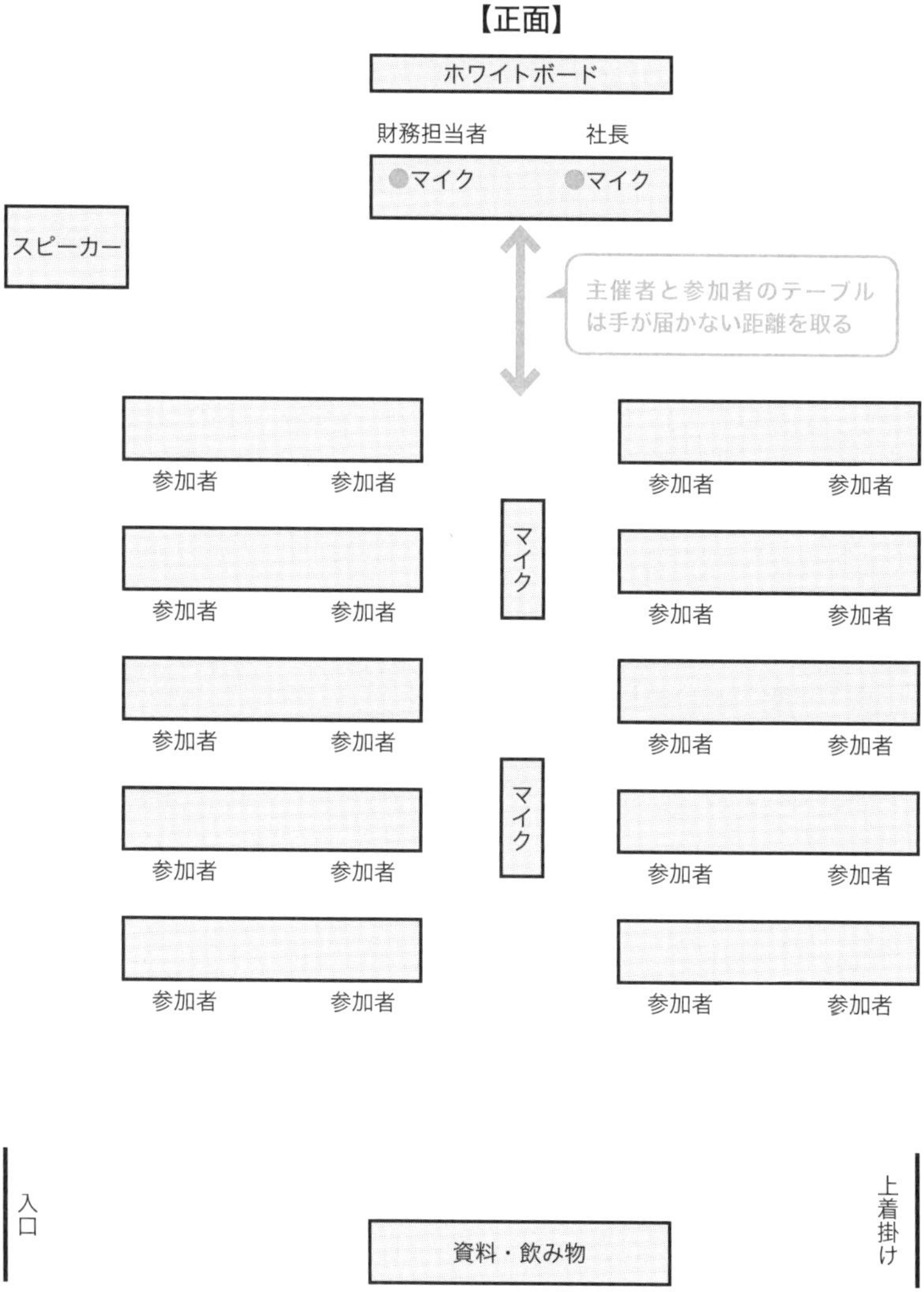

# 35 改革はまず社長から

## 隗より始めよ

「隗《かい》より始めよ」という格言があります。中国の故事を由来とする言葉ですが、物事に挑戦するにあたっては、まず言い出した者から始めなさいという意味です。

どんなに立派な目標や計画があったとしても、それを人任せにしてはいけません。中小企業であれば、社長が先陣を切り率先して事に当たらなければ社員は後に続きませんし、取引銀行や周りの人からも信用されないでしょう。

会社再建においても同じです。バンクミーティングを開催して無事に乗り越えたとしても、それで終わりではありません。会社を再建するスタート地点に着いたに過ぎないことを肝に銘じるべきです。これから先、トップの陣頭指揮により口先だけではないことを取引銀行に示していかねばなりません。

バンクミーティングを経て、借入金の返済猶予という変更契約の調印を終えると、安心しきってしまう社長は珍しくありません。借入の返済ができないという大きな不安により心労が重なっていたわけですから、無理からぬことでしょう。

しかし、安心しきってしまうとどうなるのでしょうか。

**リスケ（返済猶予）はあくまでも、元金返済を軽減してもらい、会社を再建するための時間的猶予をもらったに過ぎません。**それを理解できない社長は、ぬるま湯にドップリと浸かってしまいます。資金破綻の危機がなくなったのをいいことに改善に手を付けません。

そうすると、変更契約の期限が到来したときにまた期限猶予の延長をし、それを繰り返していくのです。これは、リスケの本来の目的ではありません。

企業再建により財務体質が健全化しなければ、融資契約は正常取引に戻せないのです。ということは、いつまで経っても新規融資を受けられず、前向きの資金調達ができません。企業が成長するためには投資が必要であり、その投資のための資金が必要です。

社長は、本当の勝負はこれからだということをどうぞ理解してください。

＊付録は横書きのため234ページからお読みください

# 3 その他の中小企業向けおすすめ公的制度

## ■ 納税猶予・納付期限の延長

・対象：法人税、消費税、地方税　等
・納税の猶予：新型コロナウイルス感染症の影響により、国税を一時に納付することができない場合（申請による認可が必要）
１年間納税猶予（無担保）
・延滞税、利子税：軽減又は免除
・参考URL：https://www.nta.go.jp/taxes/shiraberu/kansensho/index.htm

---

## ■ ミラサポplus（中小企業向け補助金・総合支援サイト）

経産省中小企業庁では、補助金情報を検索できる総合支援サイトを用意しています。

会員情報を登録することにより自社に合った情報を入手することができます。

・参考URL：https://mirasapo-plus.go.jp/#shikinguri

2．事業計画を認定経営革新等支援機関や金融機関と策定し、一体となって事業再構築に取り組む

3．補助事業終了後３～５年で付加価値額の年率平均3.0%（一部5.0％）以上増加、又は従業員１人当たり付加価値額の年率平均3.0%（一部5.0％）以上増加の達成

・参考URL：https://jigyou-saikouchiku.jp/

## IT 導入補助金【特例】

・給付額：30 万円～ 450 万円
・目的：自社の課題やニーズに合った IT ツールを導入する経費の一部を補助することで、IT ツール導入による業務効率化・売上アップといった経営力の向上や強化
・要件：IT ツールの導入により経営課題を解決すること
・参考URL：https://www.it-hojo.jp/first-one/

## 事業再構築補助金

・給付額：通常枠 補助額 100 万円～ 6000 万円 補助率 2/3
・目的：新分野展開、業態転換、事業・業種転換、事業再編又はこれらの取組を通じた規模の拡大等、思い切った事業再構築に意欲を有する中小企業等の挑戦を支援
・要件：1．2020 年 10 月以降の連続する 6 カ月間のうち、任意の 3 カ月の合計売上高が、コロナ以前（2019 年又は 2020 年 1 ～ 3 月）の同 3 カ月の合計売上高と比較して 10％以上減少している

## 2 コロナ関連の助成金・補助金制度

### ■ 雇用調整助成金（新型コロナウイルス感染症の影響に伴う特例）

・給付額：１人１日最大 15 千円
　　　　労働者へ支払う休業手当の 10/10 を助成
・目的：「新型コロナウイルス感染症の影響」により、「事業活動の縮小」を余儀なくされた場合に、従業員の雇用維持を図るために、「労使間の協定」に基づき、「雇用調整（休業）」を実施する事業主に対して、休業手当などの一部を助成する
・要件：①売上高等の生産指標が最近３か月平均で前年又は前々年同期に比べ 30%以上減少している企業
　　　②緊急事態宣言の実施区域、又はまん延防止等重点措置の対象区域（職業安定局長が定める区域）において都道府県知事による営業時間の短縮等の要請等に協力する企業
・参考URL：https://www.mhlw.go.jp/stf/seisakunitsuite/bunya/koyou_roudou/koyou/kyufukin/pageL07.html#abstract

「セーフティネット保証（4号）」と「危機関連保証」の特長は、保証割合が100%保証であることです。一般保証は80%保証であるため、貸付が回収不能となった場合、銀行は20%の負担をしなければなりません。しかし、100%保証であれば銀行に負担が生じないので、銀行は積極的に取り組めるわけです。

## 審査が通りやすい序列

日本政策金融公庫は、返済不能となった場合に国が全額負担しますが、商工中金は半官半民のため国は全額負担しません。よって、商工中金の審査は、日本政策金融公庫や信用保証協会と比べてハードルが高くなります。新規取引だとかなり難しいと思った方がいいでしょう。

## ■信用保証協会：危機関連保証

- 保証限度額：２億８千万円（一般保証やセーフティネット保証と別枠）
- 保証期間：事業資金10年以内（据置２年以内）
  ※利用する制度融資により保証期間等が異なる
- 担保：内、２億円有担保、８千万円無担保
- 保証割合：100％保証
- 資金使途：大震災など危機を事由により経営の安定に支障が生じている場合の経営安定資金
- 利用要件：①最近１カ月間等の売上高が前年同月に比して15％以上減少しており、かつ、その後２カ月を含む３カ月間の売上高が前年同期に比して15％以上減少することが見込まれること
  ②売上高の減少について、市区町村長の認定が必要
- 参考URL：https://www.chusho.meti.go.jp/kinyu/sefu_net_crisis.htm

## 信用保証協会：セーフティネット保証（4号）

・保証限度額：２億８千万円（一般保証と別枠、セーフティネット保証５号と同枠）
・保証期間：事業資金10年以内
※利用する制度融資により保証期間等が異なる
・担保：内、２億円有担保、８千万円無担保
・保証割合：100％保証
・資金使途：自然災害等の突発的な事由により経営の安定に支障が生じている場合の経営安定資金
・利用要件：①最近１カ月間等の売上高が前年同月に比して20％以上減少しており、かつ、その後２カ月を含む３カ月間の売上高が前年同期に比して20％以上減少することが見込まれること
②売上高の減少について、市区町村長の認定が必要
・参考URL：https://www.chusho.meti.go.jp/kinyu/sefu_net_4gou.htm

## ■商工中金：新型コロナウイルス感染症特別貸付

・融資限度額：６億円（日本政策金融公庫と合算）
・返済期間：運転資金15年以内（据置５年以内）、設備資金20年（据置５年以内）
・担保：無担保
・資金使途：新型コロナウイルス感染症の影響に伴う社会的要因等により必要とする設備資金および長期運転資金
・利用要件：①最近１カ月間等の売上高または過去６カ月の平均売上高が前３年のいずれかの年の同期に比し５％以上減少していることまたは同様の状況にあること
②中長期的にみて、業況が回復し、かつ、発展することが見込まれること
・参考URL：https://www.shokochukin.co.jp/disaster/corona.html

# 1 コロナ関連の資金繰り支援制度

## 日本政策金融公庫：コロナ特別貸付

・融資限度額：6億円（別枠）
・返済期間：運転資金15年以内（据置5年以内）、設備資金20年（据置5年以内）
・担保：無担保
・資金使途：新型コロナウイルス感染症の影響に伴う社会的要因等により必要とする設備資金および長期運転資金
・利用要件：①最近1カ月間等の売上高または過去6カ月の平均売上高が前3年のいずれかの年の同期に比し5％以上減少していることまたは同様の状況にあること
②中長期的にみて、業況が回復し、かつ、発展することが見込まれること
・参考URL：https://www.jfc.go.jp/n/finance/search/covid_19_t.html

付録

いざという時に役立つ「資金繰り支援制度」

# 知っておくと便利な支援制度

資金繰りには真水の融資実行がされる制度が効果的です。いずれの制度も無利息期間が設けられているか、低金利であるため、いますぐ必要というわけではなくても、“転ばぬ先の杖”として融資の申込をしておくといいでしょう。

ただし、借り過ぎにならないよう、注意が必要です。資金管理が甘くなる可能性があるからです。なお、金利優遇については、少々複雑なため内容説明を省略しています。当該金融機関にご相談ください。

融資は、コロナ禍の影響を受けて業績悪化になっていることが前提ですが、業績が回復して将来返済できる見通しがあることを説明できないと、審査がとおりません。新規に取り組む事業があると説得力があるので、該当する事業がある場合は、積極的に話しておくと有利です。たとえば、アパレル業界の「無店舗によるEC 販売の取り組み」や、飲食業界の「デリバリービジネス市場への参入」などが挙げられます。

以下に使い勝手がいいと思われる制度を挙げました（2021 年6月現在）。実態として、借入期間は 10 年程度、据置期間は 1～2年で承認がおりることが多いようです。

# おわりに

この本を最後までお読みいただきましたことに、あらためて感謝申し上げます。

何度もお伝えしてきたとおり、銀行のハードルは決して高くありません。しかし、銀行へ足しげく通われている経営者、社長は少ないようです。それは、銀行員は堅い人が多いという世間一般のイメージが、バイアスとなっているのかもしれません。

銀行の方と実際につきあうと気さくな性格な人が多いものです。少なくとも、私はそう思っています。この本をお読みになって、銀行員のイメージが変わりませんでしたか。酒席やゴルフの話などは、銀行員以外とのおつきあいでは普通にある話です。銀行員を特別扱いする必要はないのです。

この本を通じて、中小企業の社長には、もっと銀行を活用していただきたいのです。銀行とうまくつきあっている会社と、そうでない会社とでは、おのずと差が生じます。

国内企業は約３６０万社あって、内99・７％が中小企業であり、従業員数は総数

４６８０万人のうち68・8%が中小企業なのだそうです（中小企業庁発表　２０１６年6月時点）。この数字が示すとおり、日本の産業構造は中小企業で支えられています。

この中小企業が多い構造は、戦後の高度成長時代においては、成長のエンジンと高く評価されました。しかし昨今では、逆に、効率が悪くコスト高の要因とも評されています。

でも、本当にそうなのでしょうか？

この日本的な産業構造はそう簡単に変わるものではないでしょう。その構造を変えるよりも、活かす方がうまくいくような気がしてなりません。

中小企業に元気がなければ、景気マインドもよくならないのです。そうなるための手段として、「銀行の活用」という１つの提案させていただきました。

景気は循環するものですから、コロナ禍が収まれば、不況を脱する日も近いことでしょう。その日が来るまで、ぜひとも事業を継続させてください。中小企業の社長の皆さん、一緒にがんばりましょう！

最後に、この本は私だけの力では世の中に送り出すことができませんでした。岡田さんと福田さんには、金融関係者のお立場から貴重なアドバイスをいただきました。越智さんには、会計の専門家としてアイデアをいただきました。松尾さんには出版社とのご縁をいただきました。お礼を申し上げます。

青春出版社の皆さま、特に長い月日にわたり私に伴走してくださった嶋田さん、たくさんの力を貸してくださりありがとうございました。

そして、家族と親しい仲間、会社のスタッフ、いつも応援してくれてありがとう。

本書を手に取ってくださった皆さんが、様々な難局を無事に乗り越え、事業を発展させ、広く活躍されることを衷心よりお祈り申し上げます。

藤原勝法

## 著者紹介

**藤原勝法**　経営コンサルタント。日本CFO協会会員。株式会社nori-management代表。
愛媛県四国中央市出身。紙パルプ業界大手の大王製紙に入社し、管理部門にてM＆A、企業買収先再建等の経験を積む。IT業界へ転身するもバブル崩壊に見舞われ、IPO直前だった会社が倒産の危機に。総額30億円の借入返済を3年間ストップする銀行交渉に携わり、のちに会社はIPOを達成する。
事業会社数社での取締役経験を持つほか、管理本部長、財務本部長、総務部長、財務部長、法務部長など管理部門の多様な役職を歴任。そうした経験とノウハウを中小企業の発展に広く役立てるべく独立。現在、中小企業の管理体制構築や銀行取引支援などを中心に、総合的経営コンサルティングを行っている。
e-mail：info@nori-management.com

銀行《ぎんこう》は、社長《しゃちょう》のどこを見《み》ているのか？

2021年7月22日　第1刷

著　　者　藤《ふじ》原《わら》勝《かつ》法《のり》
発 行 者　小澤源太郎

責任編集　株式会社 プライム涌光
電話　編集部　03(3203)2850

発 行 所　株式会社 青春出版社
東京都新宿区若松町12番1号 〒162-0056
振替番号　00190-7-98602
電話　営業部　03(3207)1916

印　刷　共同印刷　　製　本　人口製本

万一、落丁、乱丁がありました節は、お取りかえします。
ISBN978-4-413-23214-2 C0034